하나님의 사람

Man of God

| 노병천 지음 |

쿰란출판사

"오직 너 하나님의 사람아

이것들을 피하고 의와 경건과 믿음과 사랑과 인내와 온유를 따르며

믿음의 선한 싸움을 싸우라 영생을 취하라

이를 위하여 네가 부르심을 받았고 많은 증인 앞에서

선한 증언을 하였도다"(딤전 6:11-12).

'하나님의 사람'으로 소개된 LA크리스천 헤럴드 기사(2012. 2)

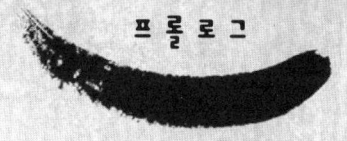

믿음의 두 기둥

믿음이란 무엇입니까?

히브리서는 믿음이 무엇인가를 잘 말해 주고 있습니다. 그 많은 믿음에 대한 설명 중에서 11장 6절 말씀은 특별합니다. 왜냐하면 믿음의 두 기둥에 대해서 잘 말씀해 주고 있기 때문입니다.

"믿음이 없이는 하나님을 기쁘게 하지 못하나니 하나님께 나아가는 자는 반드시 그가 계신 것과 또한 그가 자기를 찾는 자들에게 상 주시는 이심을 믿어야 할지니라"(히 11:6).

이 말씀을 보면 믿음이라는 것은 근본적으로 하나님을 기쁘게 하는 것인데, 어떤 믿음을 가져야 하나님을 기쁘게 할 수 있느냐 하는 것을 가르쳐 주고 있습니다.

첫째, 하나님이 계신 것을 믿는 것이 믿음입니다.

하나님이 계신 것을 믿는 것! 이것이 믿음의 본질입니다. 이것이 믿음의 시작이요 끝입니다. 하나님이 살아 계신 것을 진정으로 믿을 수만 있다면 더 이상 아무것도 필요하지 않습니다. 삶의 방향이 달라집니다. 어떻게 살아야 할 것인가가 정립이 됩니다. 무엇을 위해 살아야 할 것인가가 잡힙니다. 굳이 전도하라 하지 않아도 저절로 전도하게 되어 있습니다.

하나님은 어떤 분이십니까?

출애굽의 명령을 받았던 모세가 너무나 궁금해서 하나님께 질문했습니다.

"당신을 누구라고 부르면 됩니까?"(출 3:13).

하나님은 확실하게 대답하셨습니다.

"나는 스스로 있는 자다"(출 3:14).

영어성경(NIV)에 보면 "I am who I am", 즉 "나는 나다"입니다. 다른 설명이 필요하지 않습니다. 하나님은 하나님이십니다. 이 하나님을 믿는 것이 바로 믿음입니다.

둘째, 살아 계신 하나님께 우리가 무엇을 간절하게 구하면 반드시 응답 받는다는 것을 믿는 것이 믿음입니다.

"자기를 찾는 자들에게 상 주시는 이심을 믿어야 할지니라"(히 11:6).

상을 주신다는 것은 좋은 것으로 응답하신다는 것입니다. 우리가 간절히 구하고 기도하면 반드시 응답하신다는 것입니다. 이것을 믿을 수 있어야 합니다. 의심하지 말고 믿어야 하는 것입니다. 이것이 바로 하나님 그분에 대한 절대적인 신뢰요 믿음인 것입니다.

하나님을 믿는 우리 모두는 하나님의 사람입니다(딤전 6:11). 하나님의 사람은 믿음의 사람입니다. 믿음의 사람은 두 가지의 믿음, 즉 하나님이 계신다는 것과 그에게 구하면 반드시 응답 받는다는 믿음을 가진 사람입니다.

이 책의 집필 목적은 바로 이 두 가지의 믿음을 증언하기 위한 것입니다. '선한 증언'(딤전 6:12)입니다.

책을 읽는 동안 과연 하나님이 살아 계시다는 것을 확인하시면 좋겠습니다. 하나님이 계시지 않는다면 도저히 이해할 수 없는 일들이 많았습니다. 그리고 책을 읽는 동안 과연 우리가 간절히 기도하고 구하면 반드시 응답 받는다는 것을 확인하시기 바랍니다.

특히 구하면 반드시 응답받는다고 하는 이 내용에 대해서는 제12장 '하나님의 사람은 꿈의 법칙 ASK를 외칩니다'에 자세히 설명되어 있습니다. 애스크(ASK)는 꿈의 법칙으로 우리가 구하고(Ask), 찾고(Seek), 두드리면(Knock) 반드시 하나님이 응답해 주신다고 하는 기적의 법칙입니다.

이미 하나님을 잘 믿는 분은 더욱더 믿음에 대한 확신을 갖는 계기가 되면 좋겠고, 아직도 하나님을 믿지 않는 분이라면 이 책을 통해서 하나님을 믿는 계기가 되면 좋겠습니다.

부록에는 제가 육군 소위 시절에 고 박정희 전 대통령을 전도한 비화를 실었습니다. 많은 사람들이 아직도 박정희 대통령의 종교가 불교라고 생각하고 있습니다.

이 부분은 역사적으로 중요한 의미가 있기 때문에 제가 도구가 되어 그분을 전도한 내용을 사실적으로 기록해 두었습니다.

저는 개인적으로 '하나님의 사람'(Man of God)이라고 불리는 것이 참 좋습니다. 세상의 그 어떤 직위보다도, 그 어떤 이름보다도 영광스럽고 아름다운 명칭이지요.

그런데 저만 하나님의 사람일까요? 아닙니다. 이것은 구약 시대에는 스마야(왕상 12:22)나 엘리사(왕하 4:25)와 같은 선지자나 모세(대상 23:14)에게 붙여진 특별한 이름이었지만 오늘날에는 예수님을 구주로 영접한 모든 사람에게 붙여지는 명칭입니다(딤전 6:11).

우리 모두는 하나님께서 택하신 '하나님의 사람'입니다. 이것은 전적으로 하나님의 은혜입니다. 왜냐하면 성령님이 아니고는 예수님을 구주로 고백할 수 없기 때문입니다(고전 12:3).

이 작은 책을 허락하신 하나님께 감사드리며 모든 영광을 돌립니다.

2014년 1월 5일

무익한 종 **노병천**

프롤로그 믿음의 두 기둥 _ 05

01. 하나님의 사람은 하나님이 택하십니다 • 13
    생명도 종교도 우연이란 없다

02. 하나님의 사람은 천사가 돕습니다 • 21
    육사병원에서 만난 천사

03. 하나님의 사람은 목적을 따라 삽니다 • 33
    박지만을 전도하다

04. 하나님의 사람은 날마다 제 십자가를 집니다 • 49
    24세에 설교를 시작하다

05. 하나님의 사람은 때로는 목숨까지도 버립니다 • 59
    광주민주화항쟁에서 구한 50명의 생명

06. 하나님의 사람은 때를 놓치지 않습니다 • 89
    독사 유격교관의 반전

07. 하나님의 사람은 기뻐하고 기도하고 감사합니다 • 95
　　하나님의 뜻

08. 하나님의 사람은 강하고 담대합니다 • 111
　　연병장의 기도

09. 하나님의 사람은 결코 포기하지 않습니다 • 127
　　지뢰로 죽었던 생명이 살아나다

10. 하나님의 사람은 의로운 무릎을 꿇습니다 • 141
　　지옥에서 천국으로 보낼 수만 있다면

11. 하나님의 사람은 하나님이 책임지십니다 • 149
　　합력하여 선을 이루시는 하나님

12. 하나님의 사람은 "꿈의 법칙 ASK"를 외칩니다 • 165
　　세상을 위대하게 바꾸는 예수님의 법칙

　에필로그　구원과 천국보다도 더 중요한 것 _ 184
　부록　고 박정희 전 대통령 전도 비화 _ 189

하나님의 사람은 하나님이 택하십니다

생명도 종교도 우연이란 없다

생명도 종교도 우연이란 없다

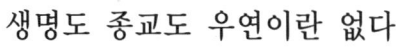

"뭐라고? 병천이가 살아났다고?"

아버지의 외침이 담장을 넘었습니다.

저는 1955년 8월 29일(음력)에 세상에 태어났습니다. 그런데 너무나 병약하게 태어났습니다. 지독한 홍역에 걸려서 숨을 제대로 쉬지 못했다고 합니다. 그래서 다 죽은 목숨을 보고, 아니 실제로 죽은 작은 핏덩이를 보고 아버지는 그냥 산에 묻어 버리자고 했습니다.

그런데 어머니는 역시 어머니셨습니다. 저를 포기하지 않으셨습니다. 혹시나 하는 마음에 핏덩이를 방 안 구석에 눕혀 두었습니다. 그러기를 3일.

어머니가 혹시나 하는 마음으로 방 안을 둘러보실 때 제가 실낱같은 숨을 쉬며 꿈틀거렸습니다.

"살았구나!"

기적이 일어난 것입니다. 제가 숨을 쉰 것입니다.

이렇게 저는 3일 만에 죽은 몸 가운데서 살아났습니다.

당시에 변변한 약을 구할 수 없어서 아버지는 논과 길바닥에 기어 다니는 지렁이를 구해서 그것을 푹 고아 제게 먹이셨습니다.

오늘날에는 지렁이가 몸에 좋다고 해서 토룡탕이라 불리는 보양식이 되었지만 그때는 그것을 몰랐습니다. 그저 주위에서 쉽게 구할 수 있는 공짜 음식일 뿐이었지요.

어쨌든 한 달 가량 집중적으로 지렁이를 먹은 덕분에 저는 살아났습니다. "지렁이 같은 너 야곱아"(사 41:14, 개역한글)라는 말씀을 볼 때마다 저는 이때의 지렁이를 생각하곤 합니다.

저는 제가 이 세상에서 생명을 다시 얻게 된 데는 반드시 하나님의 목적이 있다고 믿습니다.

하나님은 저를 향한 분명한 목적을 갖고 계시고, 그 목적이 이루어지기까지는 하늘나라에 데려가지 않으실 것이라는 믿음이 있습니다.

"내가 네게 허락한 것을 다 이루기까지 너를 떠나지 아니하리라"(창 28:15).

살고 죽는 것이 어찌 사람의 뜻대로 되겠습니까? 생명의 원천은 하나님께 있습니다(시 36:9).

죽었다면, 이미 그에게 맡겨진 사명이 완수된 것으로 보면 틀리지 않을 것입니다. 중간에 일찍 죽는 애절한 죽음이든, 오래 살아 침대에서 편안하게 죽는 죽음이든 말입니다.

사명은 곧 생명입니다.

세상에서 가장 위대한 집
경북 구미군 선산읍 독동 632번지. 필자가 태어난 곳이다.
필자가 태어나지 않았으면 세상은 아무런 의미가 없다.

제가 하나님을 믿게 된 것은 전적으로 하나님의 은혜입니다. 아버지는 저를 자주 절간으로 데려가셨습니다. 선산읍 독동에 일가를 이루고 있는 노씨 집안이 대대로 불교였기 때문입니다. 저는 비록 어렸지만 자연스럽게 불교에 심취되었습니다.

그런데 아버지가 가족을 데리고 대구로 이사를 하셨습니다. 더 이상 촌에서 자식들을 키울 수 없다고 생각하셨다고 합니다.

저는 대구에서 천주교 중학교를 다녔습니다. 김대건 신부의 이름을 딴 대건중학교입니다. 저는 3년 동안 미사를 드렸고, 천주교 교육을 받았습니다. 어쩌면 이것은 제가 평생 천주교인이 되는 계기가 될 수 있었습니다.

그런데 하나님께서는 저를 택하셨습니다.

같은 동네에 사는 친구가 저를 전도하기 시작한 것입니다. 그 친구는 습관처럼 주일 아침 10시면 대문을 두드렸습니다.

저는 교회 가는 것이 싫었습니다. 그냥 싫은 정도가 아니라 집 앞에 공사를 하기 위해 세워둔 십자가 모양의 시멘트 기둥이 보기 싫어서 멀리 돌아서 집으로 올 정도였습니다.

그 친구는 제가 싫어해도 두 달 정도 우리 집의 대문을 두드렸습니다.

그런데 놀라운 일이 일어났습니다. 어느 주일 아침에 일어난 제 마음의 변화입니다. 저도 모르게 교회에 가고 싶은 '생각'이 들었던 것입니다.

생각!

이것이 얼마나 중요한지 모릅니다. 억지로, 강제로 드는 마음이 아니라 저절로 드는 '생각'이었습니다. 전적으로 하나님의 은혜입니다.

습관처럼 문을 두드리던 친구는 그가 문을 두드리자마자 제가 기다렸다는 듯이 교회에 같이 가자고 했을 때 얼마나 놀랐는지 모릅니다.

저는 친구를 따라 교회에 갔습니다. 이것이 저의 생애를 송두리째 바꿔 놓았습니다.

교회에는 갔지만 저는 기도하는 법을 몰랐습니다. 그래서 친구가 가르쳐 주는 대로 무릎을 꿇고 손을 모았습니다.

바로 그때, 저는 제 생애에서 가장 큰 선물을 받았습니다. 성령님이 찾아오신 것입니다.

따뜻하고 편안한 기운이 위로부터 내려왔습니다. 그리고 심장이 뜨거워지기 시작했습니다. 저도 모르게 눈물과 콧물을 마구 흘렸습니다. 얼마나 시간이 지났는지 모릅니다. 제 입으로 "주님!" 하고 외쳤습니다.

"성령으로 아니하고는 누구든지 예수를 주시라 할 수 없느니라"(고전 12:3b).

성령이 아니고는 절대로 '주님'을 외칠 수 없습니다. 저는 이때 제가 하나님으로부터 선택받았음을 알게 되었습니다.

저는 두 가지 은사를 받았습니다. 하나님이 살아 계시다고 하는 확실한 믿음의 은사입니다. 그리고 성경은 전부 사실이므로 성경의 그 어떤 구절도 조금도 의심하지 않는 은사입니다. 이 두 가지의 믿음은 평생을 함께했고 지금까지 저를 지탱해 주고 있습니다.

훗날 저는 성경이 사실이라는 것을 객관적으로 증거하기 위해 성경의 전쟁사를 연구하여 수십 권의 관련 서적을 집필하였습니다.

저는 천주교 중학교를 졸업한 후에 기독교 고등학교에 들어갔습니다. 대구 계성고등학교입니다. 계성고등학교는 아담스 선교사가

1906년 10월 15일에 기독교 정신으로 세운 학교입니다.

이렇게 저는 불교에서 천주교 그리고 기독교로 옮겨졌습니다. 이와 같은 다양한 종교적 경험은 훗날 제가 전도를 할 때 결정적인 무기가 됩니다. 모든 게 다 하나님의 섭리입니다.

제가 하나님을 분명하게 만나지 않았더라면 저는 어느 종파에서 지금도 방황하고 있을지 모릅니다.

모든 것의 시작은 바로 나 자신입니다.

전도를 하기 위해서는 나 자신부터 전도를 해야 한다고 생각합니다. 내가 하나님에 대한 확신이 없으면 누구에게 하나님에 대한 이야기를 자신 있게 하기 어렵습니다. 그래서 하나님이 살아 계신다고 하는 믿음, 그리고 그분에게 구하면 반드시 응답해 주신다고 하는 믿음, 이 두 가지는 너무도 중요합니다.

저를 교회로 인도한 그 고마운 친구는 대학을 졸업한 후에 목사님이 되었고, 안타깝게도 젊은 나이에 식도암으로 하나님의 부르심을 받았습니다.

저에게 복음을 전하는 그 사명을 잘 감당했기 때문에 하나님이 부르셨나 하는 생각도 해봅니다. 천국에 가서 그 친구를 만나면 제가 크게 한턱 쏠 것입니다.

제가 죽었다가 다시 생명을 얻은 것이나 불교를 거쳐 천주교로, 천주교를 거쳐 기독교로 오게 된 것은 이런 저를 통해서 무엇인가

하시려는 하나님의 계획 가운데 이루어진 일이라는 것을 알게 됩니다.

우리가 이 세상에 태어나는 것은 결코 우연이 아닙니다. 생명은 하나님께 있는 것입니다. 하나님이 허락하지 않으시면 이 땅에 태어날 수가 없습니다. 정자가 난자와 결합하여 생명체로 될 확률은 3억분의 1입니다. 태어나다가 죽는 생명도 너무나 많습니다. 우리가 기독교를 택한 것도 우연이 아닙니다. 조금만 빗겨 나가면 우리는 얼마든지 다른 종교를 택할 수 있습니다. 아니면 무신론자도 될 수 있습니다. 이런 선택은 아주 잠깐 사이입니다.

그런데 사실은 우리가 기독교를 택한 것은 아닙니다. 하나님이 우리를 택하여 주셨습니다(요 15:16). 하나님이 우리를 자녀로 삼아 주셨습니다(요 1:12). 얼마나 감사한지요. 생명도 종교도 전적으로 하나님이 주신 것입니다. 하나님의 사람은 하나님이 택하십니다.

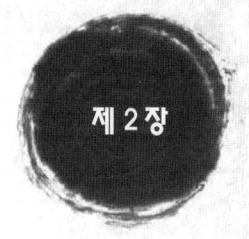

제2장

하나님의 사람은 천사가 돕습니다

●
●
●
●
●

육사병원에서 만난 천사

육사병원에서 만난 천사

"아니, 이런 기적이 일어나다니!"

이것을 두고 기적이라 하는가 봅니다. 있을 수 없는 일이 바로 눈앞에서 벌어졌기 때문입니다. 1974년 10월, 육군사관학교 병원에서 있었던 일입니다.

저는 그해 청운의 꿈을 품고 서울의 동북에 위치한 육군사관학교에 응시했고, 일차 관문으로 필기시험에 합격을 했습니다. 이제 여러 시험 과정 중에 아주 까다롭다는 신체검사를 받는 날이었습니다.

신체검사에서 아주 엄격하게 취급하는 종목이 몇 가지가 있었는데 그중에 하나가 고혈압이었습니다.

고혈압은 고된 일정과 각종 훈련을 이겨 나가야 하는 육사 생도에게 있어서는 치명적인 장애가 되기 때문에 고혈압이 있으면 무조건 신체검사에서 불합격 판정을 받게 되어 있었습니다.

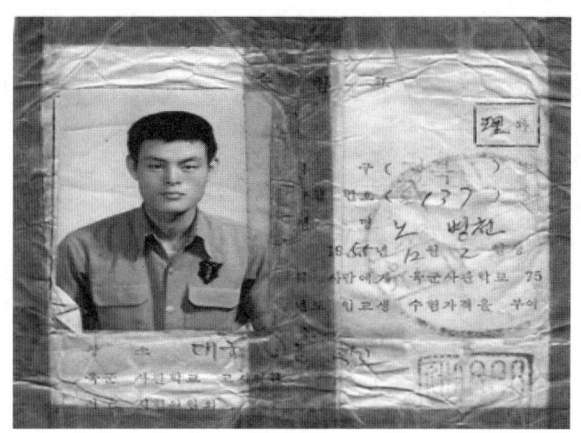

육군사관학교 수험표
이때 나는 육사병원에서 천사를 만났다.

평소에 저는 고혈압에 대해 그리 심각하게 생각하지 않았습니다. 그저 약간 높다는 정도로만 알고 있었습니다. 이것을 사람들은 본태성 고혈압이라고 불렀습니다.

본래 큰일을 앞두면 평소보다 혈압이 올라가기 십상입니다.

그런데!

공교롭게도 제 앞에 섰던 두 명의 수험생들이 고혈압으로 그 자리에서 불합격 판정을 받았습니다.

그것을 보는 순간 갑자기 마음이 급해지기 시작하였습니다. 심장이 뛰기 시작했고, 혈압이 오르는 느낌이 왔습니다.

본래 이런 중요한 시험을 앞두고는 미리 약을 먹고 오는 경우가 많다고 합니다. 그런데 저는 그 생각조차 하지 못했고, 고혈압에 대해 너무 쉽게 생각했던 것입니다.

드디어 제 차례가 다가오자 심장이 두근거리기 시작하였습니다. 마음을 가다듬고 깊이 심호흡을 하였습니다. 그리고 속으로 기도하였습니다.

"하나님 아버지, 제발 제 혈압을 잡아 주십시오. 하나님께서 저를 육사로 보내신 것은 그에 합당한 목적이 있을 것으로 믿습니다. 그러니 하나님 아버지, 제발 제 혈압을 잡아 주십시오. 무사히 통과할 수 있도록 해주십시오."

정말 간절하게 하나님께 기도를 드렸습니다. 본래 이런 때는 차라리 무관심하게 마음을 먹고 느긋하게 있어야 혈압이 오르지 않는 것인데, 그게 마음먹는 대로 되지 않았습니다. 신경을 곤두세우고 있으니까 맥박이 더 빨리 뛰었고, 혈압은 치솟는 듯하였습니다.

군의관이 귀에 청진기를 대고 내 팔뚝에 압박 띠를 감았습니다. 그리고 바람을 넣기 시작하였습니다. 압박되는 힘이 가해지는가 싶더니 서서히 풀리기 시작하였습니다.

점점 압박이 풀리는 가운데 군의관이 머리를 약간 갸우뚱거렸습니다. 불안하였습니다.

군의관이 다시 머리를 갸우뚱거렸습니다.

'이제 끝나는 것인가?'

군의관이 귀에서 청진기를 빼더니 습관처럼 말하였습니다.

"혈압이 높구나."

비록 짧은 순간이었지만 앞이 캄캄하였습니다. 정말 아무것도 보이지 않았습니다.

고혈압은 두 번 재는 기회를 주지 않습니다. 왜냐하면 첫 번째에 쟀을 때 혈압이 높으면 그다음에 재면 더 높아지기 때문입니다. 그래서 저는 절망 가운데 빠졌습니다. 저는 이런 가운데서 아주 짧은 시간에 하나님께 기도드렸습니다.

"하나님, 도와주세요!"

하나님께 간절하게 도움을 구했습니다.

흔히 하는 말로 사람이 끝났다고 했을 때 하나님은 그때부터 일을 시작하십니다. 모든 것이 끝났다고 사람이 자신의 모든 것을 놓아 버릴 때를 기다리시는 분이 하나님이십니다. 우리가 끝까지 기도해야 하는 이유가 바로 여기에 있습니다.

그런데 작은 기적이 일어났습니다. 군의관이 이렇게 말했습니다.

"5분 있다가 다시 재라."

"예?"

정말 놀라운 일입니다. 제게 예외를 적용한 것입니다. 이런 일은 좀처럼 없는 일입니다. 그 순간 마음속으로 하나님께 감사드렸습니다.

군의관은 제게 5분의 시간을 주었습니다. 그런데 불과 5분 동안에 무슨 변화가 일어나겠습니까? 마음을 안정시키고 혈압을 낮추는 데는 적어도 30분은 있어야 할 것인데 겨우 5분이었습니다. 같이 신체검사를 받던 대구 지역 친구들이 걱정을 했습니다.

"병천이 큰일 났네……."

5분은 제게 악몽과도 같았습니다. 이미 불합격을 확정지은 상태에서 5분을 기다려야 했기 때문입니다.

심장이 쿵쿵거렸습니다. 식은땀이 났습니다. 혈압은 훨씬 더 높아질 것이 뻔했습니다.

잠시 동안이지만 저는 간절히 기도했습니다.

"하나님, 도와주십시오. 혈압을 낮춰 주십시오. 저를 도와주십시오. 저를 육사에 보내실 때는 이유가 있지 않습니까? 저를 꼭 합격시켜 주십시오."

또다시 하나님께 간절하게 도움을 구했습니다.

저는 마치 드라마의 한 장면과 같은 꿈을 꾸고 육사에 지원을 했었습니다. 대학 진로를 두고 고민하고 기도하던 어느 토요일 오후였습니다. 작은 툇마루에서 나른한 몸을 잠시 쉬다가 깜박 선잠이 들었습니다. 이때 꿈을 꾸었습니다. 그 꿈은 대략 이렇습니다.

제가 길을 가고 있었습니다. 쭉 뻗은 한 길이 제 앞에 있었습니다. 그런데 갑자기 하늘에서 커다란 고목이 내려와서 저를 가로막

앉습니다. 저는 깜짝 놀라서 그 자리에 섰습니다.

그런데 하늘에서 지팡이가 고목 앞으로 내려왔습니다. 그 지팡이는 하얀 색이었고 땅에 닿지 않았습니다. 저는 그 지팡이를 들었습니다. 그러자 고목이 홀연히 사라졌습니다.

저는 지팡이를 들고 앞으로 나아갔습니다.

그런데 제 뒤에서 사람들의 웅성거리는 소리, 울부짖는 소리가 들렸습니다. 뒤를 돌아보니 제 뒤에 수많은 사람들이 따라왔습니다. 저는 그들을 이끌고 앞으로 나아갔습니다.

앞에서 갑자기 먹구름이 몰려왔습니다. 사람들이 비명을 질렀습니다. 저는 지팡이를 앞으로 내밀며 "주님!" 하고 외쳤습니다. 그러자 먹구름이 순식간에 사라졌습니다. 저는 지팡이를 들고 계속 앞으로 나아갔습니다. 그리고 순간적으로 잠에서 깨어났습니다.

제 입에서 저절로 나오는 말이 있었습니다.

"육사!"

그래서 저는 망설이지 않고 곧바로 육군사관학교에 응시를 했었습니다. 분명히 하나님께서 저를 육사에 보내실 이유가 있다고 확신했기 때문입니다.

"하나님, 도와주십시오!"

5분은 순식간에 지나갔습니다. 심장은 더욱 뛰었습니다. 제가 느낄 정도로 박동이 심했습니다.

다시 압박 띠가 제 팔에 감겨졌습니다. 눈을 감았습니다. 이제 모든 것은 하나님 손에 달려 있었습니다.

압박이 서서히 풀렸는데, 군의관이 혼잣말로 중얼거렸습니다. 제게 겨우 들릴 정도의 작은 소리였습니다.

"음, 안 되겠는데……더 높은데……."

모든 것이 끝났습니다. 저는 여기서 불합격이 되는 것입니다.

저는 눈을 감았습니다. 완전한 절망 가운데 있었지만 순간적으로 하나님께 기도드렸습니다.

"하나님, 도와주세요!"

하나님께 간절하게 도움을 구했습니다. 정말 모든 것이 끝난 상황이 아닙니까? 현실적으로 무슨 일이 일어날 수 있겠습니까? 끝이었습니다. 정말 끝이었습니다.

그렇지만 저는 간절하게 하나님께 구했습니다.

"제발 도와주십시오!"

그러다가 번쩍 눈을 크게 떴습니다.

그런데!

그때 또 다른 군의관이 뒤에 있는 문을 열고 들어왔습니다. 혈압을 잰 군의관보다 높은 계급인 것 같았습니다. 소령으로 기억을 합니다. 키가 컸고 마른 체형에다 얼굴색이 약간 검었습니다.

그 군의관의 눈이 저의 눈과 마주쳤습니다.

10초 가량 흘렀을까요?

눈에 불꽃이 튀는 것 같았습니다.

숨이 멎을 듯한 순간, 갑자기 그가 앉아 있는 군의관의 어깨에 손을 얹으며 들릴까 말까 한 소리로 말했습니다.

"이 학생, 그냥 통과시켜."

있을 수 없는 일이 일어난 것입니다. 어찌 이런 일이 있을 수 있단 말인가요? 저는 그래서 합격을 했습니다.

이 장면을 뒤에서 보고 있었던 대구 지역 동기생들이 나중에 제게 몰려왔습니다.

"병천아, 너 백(back) 있지?"

"없어. 내가 서울도 처음 올라왔는데 무슨 백이 있어? 말도 안되는 소리 하지 마라."

물론 저는 속으로 이렇게 말했습니다.

"그래, 있다. 하나님 백이다. 하나님 백!"

저는 이렇게 해서 육군사관학교에 입학할 수 있게 되었습니다. 제35기가 된 것입니다.

저는 육사에 최종합격을 하고 난 뒤에 그 소령 군의관을 찾아서 감사인사를 하려고 다시 육사병원을 찾았습니다. 그런데 그는 존재하지 않았습니다.

그래서 당시 이 장면을 목격했던 대구의 육사 동기생에게 물어봤습니다.

"그때 육사병원에서 나를 합격시켜 주셨던 그분 어디에 계시는지 몰라?"

그런데 그들은 놀라운 답변을 했습니다. 아무도 그 군의관을 보지 못했다는 것입니다.

"누가 거기에 있었다는 거야? 혈압 재는 분 말고는 아무도 없었어."

천사였습니다! 저를 육사에 합격시키기 위해 하나님이 보내신 천사였던 것입니다.

기적이라는 단어는 인간이 사용하는 단어라 생각합니다. 하나님의 사전에는 기적이라는 단어가 없습니다. 왜냐하면 천지만물을 창조하신 하나님께서 못하시는 일이 없기 때문이죠.

왜 하나님은 사람에게 기적을 베푸실까요? 기적을 베푸실 때는 베푸실 만한 이유가 있을 것입니다.

신앙이 깊지 않을 때 하나님은 가끔 기적이라는 수단으로 신앙을 확증시켜 주시는 경우가 있습니다. 그래서 신앙의 초보자일수록 기적이나 이적을 사모하게 됩니다. 성숙한 신앙인에게는 사실상 기적은 필요치 않을지 모릅니다. 그러나 때로 하나님은 어떤 특별한 목적을 이루시기 위해 여전히 기적이라는 방법을 동원하십니다. 마치 저의 경우처럼 말입니다.

하나님께서 신체검사 과정에서 보여주셨듯이, 저를 기적같이 육군사관학교에 넣으셨고, 군인의 길을 걷게 하셨습니다. 저를 도구로 삼으셔서 그 무엇인가를 하시려는 뜻이었을 것입니다.

하나님 안에서 우연이란 없을 것입니다. 모든 것이 하나님의 빈틈없는 섭리 안에 있는 것입니다.

"모든 일을 그의 뜻의 결정대로 일하시는 이의 계획을 따라 우리가 예정을 입어 그 안에서 기업이 되었으니"(엡 1:11).

저는 기적을 체험하면서 다시 한 번 하나님이 살아 계신다는 것을 확신하게 되었습니다. 그리고 성경에 나오는 수많은 천사의 존재를 직접 확인할 수 있었습니다. 하나님은 우리가 도움이 필요할 때 천사를 보내어 우리를 도우십니다. 지금도 바로 옆에 있습니다.

이 사건은 제가 그 후에 전도를 할 때 큰 도움이 되었습니다. 분명하고 담대하게 전도를 할 수 있었습니다. 기적은 단순한 한 사건에 그치지 않습니다. 기적을 통해서 사명을 깨닫게 하시고, 전도에 힘을 실어 주시는 것입니다. 이렇게 기적에는 반드시 이유가 있습니다.

천사는 성경에 있습니다. 성경에는 천사장으로 미가엘(단 10:13-21)이 등장하며, 가브리엘(단 8:16, 9:21, 눅 1:19-28)이 있습니다. 천사의 명칭은 하나님의 사자(창 32:1), 하나님의 군대(창 32:2), 천군(시 103:21), 스랍(사 6:1-3), 그룹(겔 11:22), 부리는 영(히 1:14) 등 여러 이름이 있습니다.

천사는 하나님의 창조물(골 1:16)이며, 하나님과 예수님의 뜻에 따라 여러 가지 일을 수행합니다(마 13:41). 저는 천사를 만났고 제 삶에 있어서 결정적인 계기를 맞게 되었습니다.

하나님의 사람은 천사가 돕습니다.

제 3 장

하나님의 사람은 목적을 따라 삽니다

박지만을 전도하다

박지만을 전도하다

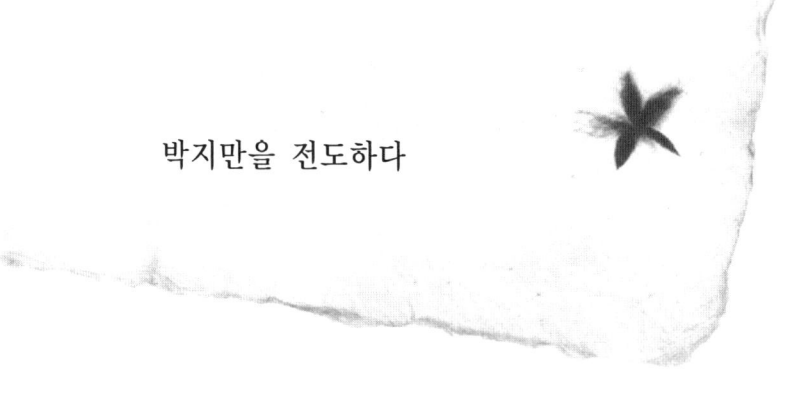

육군 사관학교의 생활은 언제나 긴장되고 바쁜 나날의 연속이었습니다. 그러나 그 가운데 여유도 있었고 낭만도 있었습니다.

여느 때처럼 정신없이 바쁘게 생도 생활을 하고 있던 1976년 가을의 어느 날, 놀라운 소식이 들려왔습니다.

"대통령 아들이 육사에 들어온대!"

"뭐라고? 대통령 아들이라면 박정희 대통령의 아들?"

정말 대통령의 아들이 이 힘들고 어려운 육사 생도 생활을 하기 위해 들어온단 말인가? 뭔가 잘못된 소문이겠지. 황태자가 사서 고생하겠다니.

그러나 소문은 사실로 바뀌었습니다. 과연 박정희 대통령의 아들인 박지만 군이 육사에 입교한 것입니다. 1977년 1월 30일이었습니다.

육군사관학교에서는 3월 정식입교 이전에 약 한 달에 걸쳐 기초 군사훈련이라는 것이 있습니다. 보통 1년 중 가장 추운 1월 말에 실시됩니다.

이 훈련은 그야말로 민간인의 때를 벗겨 군인으로 만드는 과정이기 때문에 아주 힘들고 어려운 스케줄로 가득 차 있습니다. 그래서 많은 사람들이 이 과정에서 견디지 못하고 탈락하기도 합니다.

이 훈련이 일명 비스트 트레이닝(Beast Training), 즉 동물 훈련이라고 불리는 이유가 바로 여기에 있습니다.

제가 박지만 군을 맡는 임무를 받은 것은 바로 이때였습니다. 기초군사훈련을 마치고 생도대에 배치되면 바로 제가 있는 분대로 들어오게 되어 있었습니다.

저는 3학년 생도로서 박지만 군의 멘토가 되어 밀착 지도하게 되어 있었습니다. 어떤 이유로 제가 박지만 군을 맡게 되었는지는 아직도 잘 모르겠습니다. 이 부족한 사람에게.

분명히 저를 향한 하나님의 목적이 있을 것이라 믿었습니다. 하나님 안에서 우연이 어디 있습니까? 하나님의 사람은 목적을 따라 삽니다.

대통령의 아들을 만난다는 호기심을 가지고 박지만 군이 훈련하고 있는 기초군사훈련대를 찾았습니다. 추운 겨울 날씨가 계속되는 가운데 기초군사훈련은 어느 정도 진행이 된 시점이었습니다. 훈련받는 생도들은 어느 정도 민간인 때가 벗겨져 있었고, 이제 제법 군인 티가 났습니다.

은은한 달빛이 젊은이들의 땀에 젖은 생도대 광장을 살포시 덮고 있었습니다. 저는 흥분된 마음을 누르며 박지만 군이 생활하는 내무실 문을 열었습니다.

　네 명이 한 호실에서 생활하고 있었습니다. 누가 그인지 확인하느라 조심스럽게 주변을 둘러보았습니다. 추운 겨울에 얼굴들이 약간 텄지만 어느새 구릿빛이 났습니다. 눈은 반짝 빛나고 있었습니다. 모두가 총기가 넘쳤습니다.

　그와의 첫 대면 시간이 왔습니다.

　심장이 약간 두근거렸습니다. 이제 박지만 군 그리고 그의 아버지인 박정희 대통령에게 하나님의 복음을 전하는 기회를 여는 첫 순간이 온 것입니다.

　금방 박지만 군을 알아볼 수 있었습니다. 눈이 크고 코가 복스럽게 생긴 청년이었습니다. 비록 땀에 전 군복을 입고 있었지만 귀공자 티가 났습니다.

　"음, 귀관이 박지만 생도구먼!"

　"옛! 0000번 박지만 생도! 그렇습니다."

　"그래, 고생이 많네. 어디 아픈 데는 없는가?"

　"옛! 0000번 박지만 생도! 없습니다."

　"어렵고 힘들겠지만 잘 견디고 무사히 훈련을 마치고 멋진 사관생도가 되길 바라네."

　"옛! 0000번 박지만 생도! 잘 알겠습니다."

그와의 첫 만남. 지금도 눈에 선합니다.

그런데 박지만의 육사입교 동기가 궁금했습니다. 대체로 사람들은 박정희 대통령이 아들의 장래를 위해서 육군사관학교에 입교하기를 권했다고 생각합니다. 그런데 그것이 아니었습니다.

제가 오랜 시간이 흐른 후에 박지만과의 대화를 통해 알았지만 그가 육사에 입교하게 된 것은 박정희 대통령의 권유가 아니라 본인 스스로의 결정에 따른 것이라고 했습니다. 놀라운 일입니다.

그가 중앙고등학교를 다닐 때에 담임선생님이 영국의 왕족 이야기를 하면서, 그들은 비록 왕자들이지만 그들의 고귀한 의무를 위해 군대에 많이 간다고 하였는데 그 말에 감명을 받았다고 합니다. 그래서 아버지인 박정희 대통령에게 육사에 가겠다고 말을 했고, 그 말을 들은 박 대통령이 놀란 듯이 그의 얼굴을 보며 잠시 침묵을 지키다가 흔쾌히 승낙을 했다는 것입니다.

어려운 기초군사훈련을 무사히 마친 박지만 생도는 이제 늠름한 사관생도가 되었습니다.

1977년 3월이었습니다.

예복을 멋지게 입고 입교식을 한 뒤에 육사 제37기로 정식으로 사관생도가 된 것입니다. 제가 육사 제35기이니 저와는 2기 차이입니다. 나이로는 제가 55년생이고 박지만 생도가 58년생이니 세 살 차이가 났습니다.

박지만 생도는 처음 접하는 생도 생활이 비록 낯설고 어려웠지만 나름대로 열심히 생도 생활을 해나갔습니다.

그러던 어느 날, 놀라운 소식이 들려왔습니다.

"뭐라고? 그게 사실인가?"

기초군사훈련을 마치고 정식으로 사관생도가 된 박지만 군(우측)과 필자.

박정희 대통령이 직접 면회를 온다는 것입니다. 육군사관학교가 발칵 뒤집어질 일이 아닐 수 없었습니다. 여러 곳에서 학교를 깨끗하게 단장하고, 좋은 이미지를 심어 주기 위한 행동들로 부산했습니다. 그럴 수밖에 없는 것이, 집에 약간이라도 귀한 손님이 온다고 해도 집안 청소를 비롯해서 대접할 음식 준비에 정신이 없는 것인데, 하물며 대통령을 맞이하는 입장에서야 오죽했겠습니까?

박 대통령과 면회를 할 수 있는 사람들이 사전에 정해졌습니다. 아무나 할 수 있는 면회가 아니기 때문입니다.

결국 박지만 생도의 분대원들로 제한되었습니다. 모두들 설레는 마음으로 면회 날을 기다렸습니다. 박정희 대통령을 직접 뵐 수 있는 기회가 어디 흔하겠습니까?

드디어 마음 졸이던 면회 날이 왔습니다.

우리 일행은 생도회관으로 갔습니다. 면회 장소를 다른 특별한 곳에 하지 않고 여러 생도들이 이용하는 생도회관으로 정했기 때문입니다. 그게 다른 생도들에게 위화감을 주지 않고 가장 자연스럽게 할 수 있는 면회였기 때문입니다. 이렇게 가능하면 박지만 생도를 다른 생도들과 특별하게 취급하지 않으려는 노력이 있었습니다. 그것을 박정희 대통령도 원했습니다.

면회 장소에 나가서 기다리고 있으니까 드디어 박정희 대통령이 왔습니다. 늘 TV나 사진으로만 보았던 분이었습니다. 가슴이 뛰었습니다. 옆에 보니 박근혜 양과 근영 양이 함께 왔습니다.

우리 측은 정승화 교장(육사 5기생, 12·12 당시 육군참모총장, 2006년 6월 12일 사망)을 비롯해서 훈육관과 분대원이 전부였습니다.

"모두들 고생했어요."

박 대통령은 우리를 보자 이렇게 말하며 일일이 악수로 격려하고, 시종 특유의 소탈한 웃음을 그치지 않았습니다. 근혜 양과 근영

제3장 하나님의 사람은 목적을 따라 삽니다 39

양도 무척 대견스러워했고, 이것저것 물어보면서 그 힘든 훈련을 무사히 마친 동생을 마냥 신기한 눈빛으로 보았습니다.

대화는 매우 자유로운 분위기에서 자연스럽게 이어졌지만 주변을 둘러보면 경호원들이 잔뜩 긴장을 하고 우리를 둘러싸고 있었음을 나중에 사진을 보고야 알았습니다.

朴大統領 動靜

제가 박지만 생도를 담당하게 하신 데는 하나님의 분명한 목적이 있다고 늘 생각해 왔습니다. 다른 것을 생각할 겨를이 없었습니다. 너무나 명백한 저의 기도제목이 생겼습니다. 박지만 생도를 전도하는 것입니다.

생도들은 학교 방침에 의해 기독교, 천주교, 불교 중에 하나를 택해야 했습니다. 저는 이 기회를 최대한 활용하기로 했습니다.

교수부에서 공부하는 시간을 빼면 박지만 생도의 행동은 거의 대부분 저와 함께했습니다. 저는 의도적으로 그를 교회에 데려갔고, 그럴 때마다 복음을 전했습니다. 두드린 것이지요.

그런데 박지만 생도는 쉽게 받아들이지는 않았습니다. 당연히 그럴 것입니다. 그렇지만 저는 포기하지 않고 박지만 생도를 더 자주 교회에 데려갔습니다. 일단 두드렸으면 끝장을 볼 때까지 두드려야 합니다. 가능한 복음을 접할 수 있도록 기회를 자주 만들었습니다.

그런데 문제가 발생했습니다. 제가 박지만 생도를 교회에 자주 데려가는 것을 학교본부에서 알게 된 것입니다.

당시 불교 신자였던 정승화 교장은 노골적으로 제게 박지만 생도를 교회에 데리고 가지 말 것을 훈육관을 통해 요구했습니다.

"노 생도, 박 생도를 교회에 데리고 가지 않았으면 좋겠어. 알겠지?"

"예, 알겠습니다. 그렇지만 어차피 어느 종교든 하나는 택해야 되지 않습니까?"

"그래도 너무 자주 교회에 데리고 가지 마!"

"알겠습니다. 그런데 제게 맡겨 주신 이상 너무 종교 문제로 간섭하지 말아 주셨으면 합니다. 그렇지 않으면 박 생도를 다른 생도에게 맡기십시오."

저는 아주 당당하게 훈육관에게 말을 했습니다. 그리고는 교회에 가서 하나님께 무릎 꿇고 기도했습니다.

저는 박지만 생도를 전도할 방법을 찾았습니다. 더 이상 지체할 수가 없었습니다. 외부의 압력이 거세지고 있고, 제가 졸업할 날도 얼마 남지 않았기 때문이었습니다.

최상의 방법은 언제나 하나님에게 있습니다. 선한 뜻을 가지고 간절히 기도하면 어느 날 성령님이 그 방법을 일깨워 주십니다.

"아, 이거다!"

과연 놀라운 기회가 찾아왔습니다.

당시에 천국과 지옥 간증으로 유명한 이경순 목사님을 육사교회에 모시게 된 것입니다. 이 목사님은 전주예수병원에서 수술을 받던 중에 페니실린 쇼크로 인해 58분간 죽었다가 다시 살아나셨다고 합니다. 그는 다시 살아난 후에 아픈 몸을 이끌고 병원 복도를 뛰어다니면서 "천당이 있습니다"라고 큰 소리로 외쳤다고 합니다. 그 목사님의 저서가 바로 《천당이 있습니다》입니다. 저는 2013년 11월 24일 전주바울교회에 집회를 인도하러 갔다가 일부러 전주예수병원에 들르기도 했습니다. 옛날의 모습은 없어지고 개조한 병원이 있었습니다.

저는 육사교회 담임목사님과 깊이 의논하고 이 기회를 최대한 살려서 박지만 생도를 결신하게 만들고자 작정을 했습니다.

물론 이런 일은 사람이 작정한다고 되는 것이 아닙니다. 구원은 전적으로 하나님의 손에 달려 있기 때문입니다. 우리는 다만 성령님의 도우심으로 이 기회에 박지만 생도가 심령에 변화를 받아서 하나님을 영접하기만을 기도한 것입니다.

생도들을 위한 일일부흥성회가 열렸습니다. 저는 박지만 생도에게 교회에 갈 것을 권유했고, 그날따라 자연스럽게 교회로 가게 되었습니다. 미리 이를 위해 열심히 기도한 덕분이라 생각되었습니다.

부흥 목사님은 정말 열정을 다해 말씀을 증거하셨습니다. 재미있게 간증을 할 때는 모두 웃음바다가 되었지만, 죽었다가 다시 사는 과정을 간증할 때는 심장이 벌렁거렸습니다.

사람들이 잘 믿지 않아서 수시로 윗옷을 벗고 "정 못 믿으시면 제 몸의 칼자국을 보십시오"라고 외칩니다. 그래서 이 목사님을 '배까기' 목사라고 부른다고 합니다.

특히 천국과 지옥이 실제로 있다는 것을 자세히 예를 들어가며 생생하게 표현했는데, 듣는 사람들은 두려움에 몸을 움츠리기도 하고, 천국에 대한 소망을 가지면서 안도하기도 했습니다.

이제 때가 왔습니다. 목사님은 결단의 시간을 가졌습니다.

"모두 눈을 감으십시오. 오늘 제가 드린 말씀을 듣고 예수님을 믿기로 작정하시는 분은 그 자리에 일어서시기 바랍니다. 아무도 보지 않습니다. 그 자리에 조용히 일어서시기 바랍니다."

몇 명의 생도들이 일어섰습니다. 제가 살짝 옆을 보니 박지만 생도는 그 자리에 앉아 있었습니다. 그래서 제가 박지만 생도의 손을 꼭 잡고 조그마한 소리로 속삭였습니다.

"예수님께서 지만이를 사랑하신다. 예수님께서 지금 기다리고 계신다. 자, 용기를 내어 일어나라. 지금이 기회다. 주저하지 말고 일어나라."

일어났습니다! 벌떡 일어났습니다. 너무나 감사했습니다.

이제 자리에서 일어난 결신 생도들을 위해 부흥 목사님은 간절하게 기도를 해주셨습니다.

사실, 이때 박지만 생도가 어떤 마음으로 일어섰는지는 지금도 모르겠습니다. 그렇지만 확실한 것은 이때 그가 자리에서 일어났고, 그리고 목사님이 인도하는 영접 말씀에 따라서 "아멘!"하고 복창을 했다는 것입니다.

훗날, 그 부흥 목사님은 그가 외쳤던 간증들이 다소 과장된 것이라는 충격적인 고백을 하고 소천했지만, 이때만큼은 하나님이 그를 들어서 박지만 생도를 결신하도록 만든 도구로 충실히 역할을 했던 것입니다.

이런 것을 보면 하나님은 길가의 돌이라도 필요하다면 요긴하게 사용하시는 것을 알 수 있습니다. 하나님의 일을 함에 있어서 내가 무엇을 한다고 해서는 안 될 것이라 생각합니다. 나는 다만 하나님의 목적에 따라 행동하는 도구일 뿐입니다.

1982년 어느 날, 필자의 집에서 식사를 한 후에 함께 설거지를 하고 있는 박지만 소위. 순수하고 선한 그의 일면이 보인다. 당시 박지만 소위는 대구에 있는 방공포병학교에서 초등군사반 교육(OBC)을 받고 있었다. 이때 이후 서로 만나지 않고 있다가 27년 만에 만나게 된다.

세월이 많이 흐른 후 박지만은 2005년 12월 14일 서울 워커힐 호텔에서 소망교회의 곽선희 원로목사님의 주례로 결혼을 했습니다.

저는 2008년 4월 2일에 박지만(EG 회장)을 서울 역삼동의 리츠칼튼 호텔에서 만났습니다. 헤어진 후 무려 27년 만에 만난 것입니다.

잠깐 이때의 상황을 설명하겠습니다.

제가 박정희 대통령에게 전도한 내용을 담은 《박정희 마지막 신앙고백》이 책으로 출간되기 직전이었습니다. 적어도 아들인 박지만은 아버지의 신앙에 대한 사실을 알아야 된다는 생각이 있었습니다.

제3장 하나님의 사람은 목적을 따라 삽니다 45

그래서 그가 회장으로 근무하는 EG로 전화를 했습니다. 비서가 받았는데 그가 자리에 없다고 했습니다. 저의 인적사항을 말하고 박지만 회장에게 전달해 달라고 했습니다.

드디어 다음 날 전화가 왔습니다. 박지만 회장이었습니다. 반갑게 인사를 한 뒤에 박정희 대통령의 신앙 이야기를 하자 박 회장은 깜짝 놀라면서 "우리 아버지가 그럴 리가 없습니다. 아버지는 제가 잘 압니다"라고 했습니다. 그래서 저는 만나서 이야기를 하자고 제의했고, 이틀 후에 서울 역삼동 리츠칼튼 호텔 일식당에서 만난 것입니다.

점심 식사로 도시락이 나왔습니다. 제가 기도하겠다고 했습니다. 저는 그를 위해 간절히 기도했습니다. 그런데 마지막으로 "예수님 이름으로 기도드립니다"라고 했을 때 "아멘!" 하고 박지만 회장이 큰 소리로 화답했습니다. 그 소리가 밖으로 들릴 정도로 참 컸습니다.

얼마나 감사했는지요. 제대로 믿음이 들어간 것입니다. 아니, 제대로 믿음 생활을 하고 있는 증거였습니다. 그는 소망교회를 잘 다니고 있었습니다.

그리고 새삼스러운 사실이 있습니다. 제가 박지만 회장에게 그가 아내인 서향희 변호사를 잘 만나서 교회에 잘 나간다더라는 사람들의 말을 전하자 그가 정색을 하면서 이렇게 말하는 것이었습니다.

"그 반대입니다. 오히려 제가 아내를 전도해서 교회에 나갑니다."

놀라운 일이 아닐 수 없습니다. 육사 생도 시절, 아주 작은 복음의 씨앗이 그에게 들어간 것이 지금 이렇게 큰 열매로 하나님께 영광을 돌리고 있는 것입니다.

복음 전도에 있어서 당장에 결실이 없다고 해서 낙망할 필요가 없습니다. 그리고 너무 부담을 가지지 마십시오. 교회에 데리고 나와서 예배까지 드리도록 해야 전도라고 생각하면 부담이 되어 전도를 시작조차 하기 어렵습니다. 그냥 복음을 전하십시오. 그저 심으십시오. 사람이 심기만 하면 자라게 하시는 분은 하나님이시니까요.

"나는 심었고 아볼로는 물을 주었으되 오직 하나님께서 자라나게 하셨나니" (고전 3:6).

목적을 정하셨습니까? 목적이 중요합니다. 목적은 가야 할 방향입니다. 무엇을 위해 살 것인가를 확정하는 것입니다. 이것이 없으면 방황하는 인생이 됩니다. 짧은 인생의 시간들을 허비하게 됩니다. 누구를 전도해야겠다, 올 한 해는 적어도 한 번 정도는 성경을 읽어야겠다, 하나님의 일을 구체적으로 해야겠다. 이렇게 그 목적을 정하는 것입니다. 목적은 자기 자신이 정할 수가 있지만 기도할 때에 하나님이 주시는 경우가 많습니다. 그 어떤 것보다도 목적을 정하는 것이 우선입니다. 누구에게나 목적이 있습니다. 쓸데없이 이 세상에 태어난 사람은 아무도 없습니다. 하나님은 각 사람에게 목적을 주셨습니다. 그 목적을 잘 분별해야 합니다. 하나님의 사람은 목적을 따라 삽니다.

제4장

하나님의 사람은 날마다 제 십자가를 집니다

· · · · ·

24세에 설교를 시작하다

24세에 설교를 시작하다

1979년 3월, 저는 육군사관학교를 졸업했습니다. 사연이 많았던 육사를 떠나 이제 육군 소위로서 새로운 출발을 했습니다.

제가 소대장으로 처음 부임한 곳은 당시 대한민국에서 가장 남단에 위치하고 있던 전라남도 강진에 있는 대대였습니다. 대부분의 육사 출신은 전방으로 발령을 받곤 하는데 저는 가장 후방에 배치된 것입니다. 여기에는 사연이 있었습니다.

당시 차지철 경호실장이 제게 한 말이 있습니다.

"각하께서 적적해 하시니까 곁에서 모시면 어떤가?"

이때 저는 단호하게 말씀을 드렸습니다.

"감사합니다만 이제 제 임무는 끝났습니다. 저는 오히려 청와대와 가장 먼 곳으로 보내주십시오."

제가 원한 곳은 최전방이었습니다. 그런데 그와는 반대로 최후방으로 저를 보낸 것입니다.

제가 부임한 대대는 앞에는 완도로 이어지는 바다의 만과 갈대밭이 기다랗게 이어져 있고, 바로 뒤에는 만덕산이 있어서 매우 아름

다운 풍광을 자랑하는 곳에 위치해 있었습니다.

우리 대대는 후방부대였기 때문에 병력이 적었고 축소된 편제를 유지하고 있었습니다. 완전히 편성된 부대에서 소대장을 시작하고 싶었지만 어쩔 수 없었습니다.

저는 두 가지 생각을 가지고 장교 생활을 하기 시작했습니다. 첫째는 육사 출신 장교로서 모범적인 생활을 하겠다는 것이었습니다. 그러기 위해 상관으로부터는 신뢰를 받고 부하들로부터 존경을 받는 군인이 되어야 한다고 생각했습니다. 때문에 말과 행동이 일치되는 삶이 중요했습니다.

둘째는 어떤 직책에 있든지 내가 맡은 부하들에게 전도를 한다는 것이었습니다. 구원받고 모두가 천국에 가야 하지 않겠습니까? 구원과 천국에 대한 확신, 이것은 군인에게 있어서 사생관과 직결되기 때문에 매우 중요합니다. 구원과 천국에 대한 확신만 있다면 어떤 위기나 환경에서도 굴복하지 않고 용감하게 임무를 수행할 수 있을 것입니다.

세상에서 주어진 일과 신앙생활, 이 두 가지는 함께 가는 것입니다. 자칫 신앙생활을 잘한다고 하는 사람들을 보면 교회생활은 잘하는데 교회에서 벗어나면 오히려 이기적이거나 배타적인 사람이 되어 사람들에게 지탄을 받는 경우가 많습니다. 이것은 하나님께 영광이 되지 못하고 오히려 하나님의 영광을 가리는 행동이라 생각합니다.

그래서 세상과 신앙생활 두 날개의 조화가 중요하며, 양쪽에서 다 인정받는 삶이 되어야 한다고 생각합니다. 그러기 위해서는 그만큼 더 많은 노력이 필요하고, 헌신과 봉사, 양보와 배려가 필요한 것입니다.

저는 소대장으로서 기독교인이라는 제 정체성을 결코 숨기지 않았습니다. 물론 주님은 제자들에게 뱀같이 지혜롭고 비둘기같이 순결하라고 말씀하셨습니다.

> "보라 내가 너희를 보냄이 양을 이리 가운데로 보냄과 같도다 그러므로 너희는 뱀같이 지혜롭고 비둘기같이 순결하라"(마 10:16).

때에 따라서는 지혜롭게 기독교인임을 숨길 필요도 있을지 모르겠습니다. 그러나 그때의 저의 마음은 조금도 타협하고 싶지 않았습니다. 그래서 어디서나 제가 기독교인이라는 것을 드러냈고, 심지어 제가 입고 있던 군복 곳곳에도 기독교인이라는 것을 표시해 두었습니다. 심지어 군의관에게 반창고를 얻어서 탄띠에 십자가를 붙여 두었습니다.

제가 기독교인이라는 것을 드러내는 이 행위는 어쩌면 참 어리석은 행동이라 할 수 있습니다. 그렇습니다. 어리석고 지혜가 없는 행동이 맞을 것입니다.

세상에 보면 기독교인이라고는 하지만 정말 그 사람이 기독교인 인지 아닌지 도무지 분간이 안 되는 사람들이 많습니다. 식사할 때 기도를 하지 않는 것은 물론이고, 대화 중에도 기독교인의 냄새가 전혀 나지 않는 사람들이 있습니다. 그리고 술이나 심지어 담배까지 하면서 이른바 인간관계를 잘함으로 출세를 노리는 사람들이지요. 참 안타깝습니다.

비록 기독교인이라는 것 때문에 손해를 보고 비방을 받더라도 당당하게 기독교인임을 드러내야 한다고 믿습니다. 이런 의미에서 보면 하나님의 사람은 날마다 제 십자가를 져야 하는 것입니다.

"또 무리에게 이르시되 아무든지 나를 따라오려거든 자기를 부인하고 날마다 제 십자가를 지고 나를 따를 것이니라"(눅 9:23).

저는 그 어떤 것보다도 하나님 앞에서 의미 있는 삶을 살고 싶었습니다. 핵심가치를 붙들고 싶었습니다. 그것은 주님의 지상명령을 잘 수행하는 것이라 믿었습니다.

"내 증인이 되리라"(행 1:8).

제가 근무하고 있는 부대는 후방의 작은 대대 규모여서 교회가 없었습니다. 안타까웠습니다. 그렇지만 오히려 이런 부족함이 전도에는 도움이 되었습니다.

　대대의 장교들은 당직 근무가 있습니다. 다들 싫어하지요. 그런데 주말 당직은 더욱 그렇습니다. 일주일간 열심히 일하다가 주말이 되면 편히 쉬고 싶고 또 후방의 먼 곳이라 가족을 만나러 가고 싶기 때문입니다. 저는 이것을 이용했습니다. 제가 주말 당직을 스스로 자청해서 서기로 한 것입니다. 모두들 좋아했습니다.

소위 시절의 필자 모습
탄띠와 수통에 반창고로 십자가를 만들어 붙이고 항상 주님을 바라보았다. 날마다 나의 십자가를 지는 마음으로 오직 십자가만을 자랑했다.

저는 이 기회를 최대한 이용해서 병사들을 전도하기 시작했습니다. 마땅히 예배드릴 장소가 없어서 작은 강당에서 예배를 드리기로 했습니다. 저는 부족하지만 정성껏 설교를 준비했습니다.

강당에서 예배를 드린다고 내무실을 찾아다니며 알리고, 그들을 강당으로 인도했습니다.

첫 주일에 모인 병사는 대략 20명이 되었습니다.

예배를 인도하기 위해 주말 근무를 자청하다.

저는 병사들의 눈높이에 맞도록 최선을 다해서 설교를 했습니다. 하나님이 살아 계심과 늘 우리와 함께하시어 우리를 도우신다는 것을 전했습니다.

제 생애 첫 설교입니다. 24세.

예배를 마친 후에 저는 준비한 빵을 나눠 주었습니다. 그야말로 쥐꼬리만 한 제 월급을 쪼개어 준비한 빵입니다. 다들 맛있게 먹었습니다.

그리고 제가 꾀를 냈습니다. 빵을 먹는 중에 이렇게 말한 것입니다.

"목이 막히지? 다음 주에도 나올 사람만 우유를 준다. 나올 사람?"

하하, 우유는 뒤에 숨겨두고 있었지요. 목이 막힌 병사들은 너 나 할 것 없이 손을 들고 다음 주에도 꼭 나올 것을 약속했습니다. 이렇게 빵과 우유를 나누면서 서로 위로를 하고 새 힘을 얻었습니다.

저는 대대의 확성기를 이용해서 주변 마을까지 들리도록 찬송가를 틀어두었습니다.

"구주의 십자가 보혈로 죄 씻음 받기를 원하네……"

전도는 어떤 방법이든 해야 합니다. 때를 얻든지 못 얻든지 계속해야 합니다. 때로는 전도의 기회를 얻기 위해서 나의 희생이 따라야 할 때가 있습니다.

저는 소대장을 마칠 때까지 거의 매주일을 이렇게 자청해서 당직을 하면서 예배를 인도했고, 대대의 많은 병사들이 예수님을 영접하게 되었습니다.

지옥으로 갈 영혼을 천국으로 옮긴다는 것은 영의 세계에서 보면 정말 큰 일이 아닐 수 없습니다. 마귀는 이런 것을 그냥 두지 않습니다. 별 방법을 다 동원해서 이것을 방해하고 깨뜨리려 합니다. 복음을 전하는 사람을 음해하고 핍박하고 이른바 왕따를 시키기도 합니다. 그러나 하나님의 사람은 이것을 잘 이겨내야 합니다. 주춤해서는 안 됩니다. 주눅이 들어 주저앉아서도 안 됩니다. 천하보다도 귀한 한 영혼을 하나님 품에 안기게 한다는 것이 얼마나 영광스러운 일입니까. 예수님의 지상명령이고 하나님이 원하시는 일입니다.

하나님은 모든 사람이 구원받기를 원하십니다(딤전 2:4). 그렇기 때문에 아무리 핍박을 당하고 어려운 일이 있더라도 복음을 전해야 합니다. 그러기 위해서는 희생해야 합니다. 금전적이든 시간적이든 손해도 봐야 합니다. 대가를 치러야 합니다. 세상에 공짜가 없습니다. 아니, 내가 투자를 해야 사람들의 마음이 움직입니다. 그들에게 무언가 이익이 되어야 조금씩 마음을 엽니다. 희생 없는 영광은 없습니다(No pain, no crown). 핍박도 받고 손해도 보는 것입니다. 그렇기 때문에 하나님의 사람은 날마다 제 십자가를 집니다.

하나님의 사람은 때로는 목숨까지도 버립니다

광주민주화항쟁에서 구한 50명의 생명

광주민주화항쟁에서 구한 50명의 생명

세상이 뒤집어졌습니다. 1979년, 10·26사태가 지나자 곧이어 12·12사태가 터졌고, 그리고 다음 해인 1980년에 5·18이 터졌습니다. 정말 세상이 혼란스러운 시기였습니다.

저는 아직까지 강진에 있는 대대에서 소대장을 하고 있었습니다. 광주에서는 연일 총소리와 비명 소리가 끊이지 않았습니다.

저는 소대원들과 함께 완전무장을 한 채 크고 작은 작전에 뛰어들었습니다. 한때는 장흥에 있는 교도소에 배치되어 혹시나 있을지 모르는 교도소 폭동에 대비하기도 했습니다.

광주항쟁은 점점 치열해졌고, 이제 광주의 범위를 넘어 외곽까지 뻗쳤습니다. 저는 상급 부대의 명령에 따라 광주에서 목포로 빠져나오는 길을 차단하는 임무를 맡게 되었습니다.

다리에 총알을 맞아 피를 흘리며 택시로 급히 뒤로 빼는 사람도 있었고, 머리에 붕대를 칭칭 감고 들것에 실려 나가는 사람도 있었습니다. 고통에 소리를 치며 팔을 휘젓는 사람도 있었고, 부러진 팔을 나무로 묶고 정신없이 뛰어다니는 사람도 있었습니다. 눈 뜨고는 볼 수 없는 아비규환의 장면이었습니다.

광주민주화항쟁은 처음에는 그렇게까지 극적으로 상황이 나빠질 것이라 예측하지 못했습니다. 그런데 점점 나쁜 상황으로 발전되어 나가다가 급기야는 매우 심각한 상황으로 번져 갔습니다. 북한의 움직임도 심상치 않았고 그야말로 백척간두에 선, 풍전등화의 위기였습니다.

나중에는 국군과 광주시민군이 서로 마주치기만 해도 먼저 총을 쏘아대는 지경에 이르렀습니다.

사람의 감정이라는 것은 참 단순할 때가 있습니다. 아주 작은 나쁜 감정일지라도 어느 순간에 엄청나게 큰 나쁜 감정으로까지 치닫습니다. 사실 그 속에서 마귀가 조종하는 것이지요. 악의 영이 들어가면 순식간에 자신도 추스를 수 없이 악한 생각과 행동으로 이어집니다. 그래서 가장 힘든 것이 마음을 통제하는 것입니다. 마음을 잘 통제하면 어떤 일도 잘 이겨낼 수 있지만 마음을 통제하지 못하면 순식간에 큰일도 저지르게 되는 것입니다. 마음을 지키는 것이 가장 중요합니다. 그리고 가장 어렵습니다.

"모든 지킬 만한 것 중에 더욱 네 마음을 지키라 생명의 근원이 이에서 남이니라"(잠 4:23).

어느 날 제게 급한 명령이 떨어졌습니다. 장흥으로 가는 길을 막으라는 것입니다. 장흥에는 교도소가 있습니다. 당시 폭도(그렇게 불렀습니다)들이 무장을 하고 장흥교도소를 해방시키려 출발했다는 것입니다. 그래서 저는 부랴부랴 병력을 모았습니다. 후방부대이기 때문에 병력이 많지 않았습니다. 급하게 모은 병력이 25명이었습니다. 트럭에 가득 태웠습니다. 무장은 했지만 길을 차단할 만한 변변한 바리케이드도 없었습니다.

 출발했습니다. 장흥으로 가는 길목을 막아야 했습니다. 장흥교도소로 통하는 길은 비포장도로 하나가 있었습니다. 저는 그곳을 향해 차를 몰았습니다.

무장을 한 시민군을 태운 트럭

당시 장흥으로 출발하기 전의 모습

당시에 시민군들도 급하게 장흥으로 달려가고 있었습니다. 시간을 다투어 조금이라도 빨리 장흥교도소를 해방시키기 위해서였습니다.

나중에 현장에서 확인한 사실이지만 이들도 군용 트럭을 타고 무장을 한 채 뒷자리에 빽빽이 들어앉았습니다. 대략 25명 정도라 추정이 됩니다.

제가 보니까 대략 30분이면 길을 막을 수 있는 그 도로 현장에 도착하게 됩니다. 그런데 마음이 너무나 무거웠습니다. 비록 군인으로서 명령을 이행해야 했지만 이 사태를 보면서 마음이 너무나 아팠기 때문입니다. 제가 강진에서 근무하는 동안에 강진의 주민들이 제게 보여준 따뜻한 마음을 잊을 수가 없습니다. 참 친절했고 정이 많았습니다. 맛있는 음식이 생기면 꼭 제게 나눠 주었습니다.

저는 운전병 옆에 선탑을 하고 이 일을 어떻게 풀어야 할지 기도하기 시작했습니다. 제 부하들과 저들이 서로 부딪치면 분명히 큰 피해가 발생합니다. 좁은 골짜기에서 다 죽을 수도 있습니다. 그래서 저는 하나님께 구체적인 기도제목을 올렸습니다.

첫째, 제 부하들 중에 단 한 명이라도 다치거나 죽지 않게 해주십시오.

둘째, 저들도 우리의 민족이기 때문에 제 부하와 마찬가지로 단 한 명이라도 다치거나 죽지 않게 해주십시오.

셋째, 군인으로서 명령을 이행해야 하기 때문에 저들을 무사히 왔던 길로 다시 돌아가도록 해주십시오.

이 세 가지 기도제목은 사실 서로 모순이 됩니다. 어차피 서로 마주쳐야 되는 상황이고, 그렇게 된다면 감정이 격앙되어 서로 총을 쏠 수밖에 없습니다(실제로 이런 일이 많았습니다). 그렇게 된다면 세 가지 기도 중에 단 한 가지도 이루어질 수 없는 것입니다.

저는 그래도 이 방법밖에 없어서 무조건 하나님께 매달렸습니다. 마음속으로 기도하다가 도저히 주체할 수 없어서 소리를 내어 기도

했습니다. 운전병은 자꾸 저를 힐끗힐끗 보기 시작했습니다. 그렇지만 이런 절박한 상황에서 도와주실 분은 오직 하나님뿐입니다. 사람이 아무리 대단하고 그럴듯하게 보여도 정말로 어려운 일에 부딪치면 아무것도 아닙니다.

우리가 어려운 일을 만나면 기도 외에는 사실 방법이 없습니다. 부르짖어야 삽니다.

부르짖으면 하나님이 하나님의 방법으로 일을 진행시키십니다. 무조건 부르짖어야 합니다. 내 방법은 불가능해도 하나님은 가능하게 하십니다.

"너는 내게 부르짖으라 내가 네게 응답하겠고 네가 알지 못하는 크고 은밀한 일을 네게 보이리라"(렘 33:3).

그런데 과연!

저는 이런 음성을 들으리라고는 생각지도 못했습니다. 목사님의 딸인 제 아내는 가끔 어려운 일이 있을 때는 결정적으로 하나님의 음성을 듣곤 합니다. 사실 저는 직접적으로 하나님의 음성을 들을 적은 없었습니다. 그런데 이 절박한 순간에 하나님의 음성 같은 것이 제 심장을 울렸습니다.

"네가 죽어라!"

아, 이게 무슨 말입니까? 제가 죽다니요?

죽으면 이 일이 해결됩니까? 이 세 가지가 서로 모순이 되고 이치가 맞지 않은데 일이 해결됩니까?

저는 당황했습니다. 그러나 다시 제 속에서 '죽게 되면 죽지!'라는 마음이 생겨났습니다. '내가 죽어서 이 많은 생명을 살릴 수만 있다면 그렇게 해야지.'

사실 이때는 그만큼 절박했습니다. 그저 세 가지 기도만 이루어질 수 있다면 그 마지막 방법이 제가 죽는 것이라 해도 그렇게 하고 싶었습니다.

그러는 중에 드디어 길목에 도착했습니다. 차에서 모두 내렸습니다. 소대원들은 얼굴이 상기되어서 허둥대기까지 했습니다.

제가 죽겠다는 생각은 했지만 죽는다고 해서 무슨 방법이 있을까 하는 생각도 들었습니다. 그냥 죽는다고 해결되는 것은 아니지 않겠습니까?

그런데 부하들을 보는 순간, 갑자기 어떤 생각이 스쳐갔습니다. 하나님이 주시는 생각인 것입니다. 하나님의 전략인 것입니다.

"너희는 지금부터 양쪽에 있는 언덕 위로 올라가라!"

모두 놀랐습니다. 무슨 말인가?

"나 혼자 여기 길목에 남아 저들을 막겠다."

소대원들은 깜짝 놀라서 어떻게 그럴 수 있느냐고 했습니다. 뻔히 소대장이 죽을 것이기 때문입니다. 저는 침착하게 말했습니다.

"나도 생각이 있다. 만약에 우리 모두가 이곳에서 총을 들고 저들을 막게 되면 서로 자극해서 총을 마구 쏠 수 있다. 그렇게 되면 모두가 죽을 수 있다. 그러니 너희는 양쪽에 있는 언덕 위로 올라가라. 나 혼자 막아보겠다."

제 말에 소대원들은 말도 안 되는 소리라고 하면서 가지 않았습니다. 제가 다시 말했습니다.

"너희도 알다시피 나는 하나님을 믿는 사람이다. 내 목숨은 하나님이 책임져 주신다. 그리고 살든지 죽든지 그것은 하나님의 뜻에 달려 있다. 살게 되면 살 것이고 죽게 되면 죽는 것이다. 우리의 목숨은 이미 우리의 것이 아니다. 생명은 하나님 것이다. 그러니 내 말을 듣고 올라가라."

그래도 듣지 않았습니다. 이제 시간은 다가오고 있었습니다. 언제까지 이렇게 실랑이를 벌일 수는 없었습니다. 저는 다시 단호하게 말했습니다.

"이것은 명령이다!"

당시에는 군법 적용이 매우 엄격했습니다. 전시에 준하는 군법이었습니다. 이 말에 부하들은 움찔했습니다. 잘못하면 군법회의로 갈 판이었으니까요.

그때 제가 다시 말했습니다.

"올라가되, 모두 언제라도 총을 쏠 수 있도록 해라. 수류탄도 준비하고. 그리고 만약에 내가 그들을 막다가 실패했을 경우에는 사격해라. 막아야 하니까. 언제 하는가 하면 그들이 내게 총을 쏘아 내가 넘어지는 순간에 놓치지 말고 쏴라. 또 하나, 총을 쏘지 않고 트럭으로 나를 치고 지나가게 되면 내가 앞바퀴에 깔리는 순간 총을 쏴라. 어쨌든 막아야 하니까."

이쯤 되니까 어쩔 수 없었던 소대원들은 눈물을 흘리며 언덕으로 올라갔습니다.

그런데 한 명이 남아 있었습니다. 이제 그 병사의 이름을 실명으로 밝힐까 합니다. 왜냐하면 그 병사를 꼭 만나고 싶기 때문입니다.

이우용 일병!

그는 다 언덕 위로 올라가는 상황에서 끝까지 남아 있었습니다. 그리고 이렇게 말했습니다.

"저는 죽으면 죽었지 소대장님 버리고 못 갑니다."

깜짝 놀랐지요. 이우용 일병이 어떤 사람인가 하면, 너무 순수한 마음을 가진 착한 청년이었습니다. 전우들로부터 바보라는 소리까지 들을 정도로 순진했습니다. 눈도 크고 코도 컸습니다. 식사를 할 때면 반찬은 전우들에게 다 덜어 주고 밥을 더 달라 해서 밥만 먹던 청년이었습니다. 이 병사가 끝까지 저와 함께 있겠다고 고집을 부렸습니다.

저는 그를 달랬지요. 가라! 가야 한다!

그렇지만 막무가내였습니다. 자기가 소대장을 지켜야 한다는 것이었습니다. 너무 고마웠지만 그럴 수는 없었습니다. 그래서 제가 통사정을 했습니다. 가라! 가야 돼!

그래도 말을 듣지 않아서 이렇게 외쳤습니다.

"이것은 명령이다!"

아무리 명령이라 해도 그 친구에게는 통하지 않았습니다. 제가 거의 빌다시피 하면서 그 친구를 달랬습니다.

"……그라모 가 줄게에……."

이제 가주겠다고 합니다. 큰 인심을 썼다는 표정입니다. 저는 그가 가는 것을 보다가 급히 다시 불렀습니다.

"우용아, 이리 와봐라."

그리고 제게 있던 철모와 소총을 건네주었습니다. 시민군들을 자극하지 않기 위해서였습니다.

저는 이우용 일병을 잊을 수 없습니다. 먼 훗날 저는 그가 너무 만나고 싶어서 전국을 다니면서 간증집회를 하면서 수소문을 했지만 결국 아직까지 만나지 못했습니다.

지난 2007년에는 부산의 수영로교회에서 재직을 위한 일일 수련회를 이끌고 있을 때 이때를 간증하면서 부산 출신 이우용을 찾는다고 광고를 하기도 했지만 결국 찾지 못했습니다.

이렇게 해서 저는 빈손으로 도로 중앙에 섰습니다.

이제 곧 시민군들이 들이닥칠 것입니다.

가만히 눈을 감았습니다. 순간적으로 어머니의 얼굴이 눈앞에 떠올랐습니다. 아직도 자식들을 위해 시장 바닥에서 물건을 파시는 모습입니다. 칼을 잘못 놀려 손가락 마디가 잘려진 손으로 물건을 다듬는 모습이 떠올랐습니다.

'어머니……'

그리고 제 약혼녀 수라의 얼굴이 떠올랐습니다. 사랑하는 제 여인입니다(이 일이 있고 8개월 후 저는 결혼을 했습니다).

제 인생이 주마등처럼 스쳐갔습니다.

아, 그런데 이상한 일이 생겼습니다. 갑자기 제게 두려움이 엄습한 것입니다. 저도 모르게 겁이 나기 시작한 것입니다. 이게 무슨 일일까요?

예정된 죽음 앞입니다. 그렇습니다. 이제 곧 죽을지 모른다고 하는 예정된 죽음 앞입니다. 바로 이때 마귀가 찾아왔습니다. 지금까지 가까운 사람이나 다른 사람들의 죽음을 적지 않게 봐 왔었습니다. 그래서 죽음에 대한 약간의 지식은 있었습니다. 그런데 막상 제가 죽을 것이라는 생각에 미치자 그만 겁이 나기 시작한 것입니다. 그것도 곧 닥칠 예정된 죽음 앞입니다.

그때 깨달았습니다. 사람이 죽을 때가 되면 이 과정을 겪게 된다는 것을.

마귀가 먼저 찾아옵니다. 그리고 속삭입니다.

"너는 구원 받았느냐?"

바로 이 질문입니다. 그리고 또다시 속삭입니다.

"너는 죽으면 천국 갈 수 있느냐?"

정말 두렵고 무서운 질문이 아닐 수 없습니다. 저는 속에서 엄습하는 이 두려움에 저 자신을 어떻게 할 수 없었습니다. 정말 내가 구원을 받았는가? 정말 내가 죽으면 천국에 갈 수 있는 것인가?

그동안 나름대로 예수님을 잘 믿었다고 생각했습니다. 모든 공적 예배에 빠지지 않았고, 아무리 피곤하고 힘이 들어도 새벽기도도 꼬박꼬박 다녔습니다. 십일조 생활과 감사헌금 그리고 각종 구제헌금도 빠지지 않고 드렸습니다. 그리고 누구보다도 열심히 전도했습니다. 심지어 박정희 대통령 앞에서도 담대하게 하나님의 말씀을 전하지 않았습니까?

그런데도!

막상 죽음 앞에서는 이 모든 것이 소용없었습니다.

평소에는 그까짓 것 하면서 큰소리를 쳤지만 막상 죽음 앞에 서자 한순간에 무너지고 말았습니다. 세상에 죽음 앞에서 당당할 수 있는 사람이 몇이나 있을까요? "나는 죽는 것은 겁나지 않아" 하는 사람도 막상 죽음이 코앞에 다가오면 그게 결코 쉽지 않은 것입니다.

마귀가 던지는 질문에 어쩔 수 없이 무너져 가는 자신을 발견할 수 있었습니다. 믿음은 한순간에 증발해 버릴 수 있다는 것을 알게 되었습니다.

그동안 제가 했던 모든 신앙생활을 아주 짧은 순간에 돌아보면서 부끄러움이 밀어닥쳤습니다. 하나님을 기쁘게 하고 진실로 그분의 영광을 위한 것이 아니라 나를 기쁘게 하고 내 영광을 위해 살았다는 생각이 왈칵 들었습니다. 말은 하나님을 위한다고 했지만 실상은 제 자신을 위한 것들이었습니다.

아, 부끄러웠습니다. 정말 부끄러웠습니다. 하나님께 너무 죄송했습니다.

"하나님, 용서해 주세요. 잘못했습니다……."

저는 하늘을 우러러보면서 하나님께 용서를 빌었습니다. 철저히 회개를 했습니다. 비록 짧은 그 시간이었지만 제게는 너무도 소중한 시간이었습니다.

그런데 저도 모르는 사이에 제 마음이 편안해지기 시작했습니다. 따뜻한 음성이 들리는 듯했습니다.

"네가 나를 믿는 그 순간부터 이미 너를 구원했다. 너는 천국 백성이다."

분명히 이 말씀이었습니다.

그렇습니다. 우리가 예수님을 영접하는 그 순간 이미 구원은 시작된 것입니다. 우리의 공로가 아무 소용이 없습니다. 아무리 교회 잘 다니고 아무리 좋은 일 많이 해도 실제로 예수님을 마음 깊이 주님으로 영접하지 않으면 아무 소용이 없지만, 진실로 그분을 믿는 믿음이 있다면 구원은 이루어진 것입니다. 믿음의 많고 적음이 문제가 되지 않습니다.

"사람이 마음으로 믿어 의에 이르고 입으로 시인하여 구원에 이르느니라"(롬 10:10).

마귀는 이것을 의심하게 만듭니다.

"너는 구원받았느냐?"

"정확히 언제 몇 시에 어디서 구원받았느냐?"

솔직히 언제 몇 시에 어디서 구원을 받았다고 정확하게 얘기할 수 있는 사람이 과연 몇 명이나 될까요? 마귀는 이런 식으로 하나님의 백성을 미혹시킵니다.

그러나!

좋으신 하나님은 분명히 말씀하십니다. 주 예수를 믿어라. 그리하면 너와 네 집이 구원을 받으리라!

"이르되 주 예수를 믿으라 그리하면 너와 네 집이 구원을 받으리라"(행 16:31).

이것을 놓치면 마귀의 꾐에 넘어가는 것입니다.

주 예수님을 믿으면 되는 것입니다. 그런데 이게 실제로 굉장히 어렵습니다. 이 구원의 믿음을 가진다는 것은 어려운 일입니다. 천지를 만드신 창조주 하나님께서 우리를 위해서 친히 사람의 모습인 예수로 오셔서 십자가에 달리시고 보혈을 흘리셔서 우리의 모든 죄를 속해 주신 구원의 이 사건은 결코 간단하지 않습니다. 그래서 이것을 믿기가 쉽지 않지요. 그런데 믿으면 구원받습니다.

마음이 편안해졌습니다. 성령님이 저를 터치하신 것입니다. 우리가 연약할 때 성령님은 우리를 도우십니다.

저는 두 손을 높이 들었습니다. 그리고 눈을 감고 하나님께 감사드렸습니다.

"하나님, 감사합니다."

우리 모두는 언젠가는 이 세상에서의 종말을 맞습니다. 우리가 천국으로 올라가기 전에 이 세상에서 남길 수 있는 마지막 말이 있다면 바로 이 말이 아닐까 생각합니다.

"하나님, 감사합니다!"

그런데 갑자기 귀를 찢는 굉음이 들렸습니다.

급하게 달려오던 시민군의 트럭이 도로 중앙에 서 있는 저를 보고 급히 브레이크를 밟았던 것입니다. 나중에 보니까 스키드(skid) 마크가 거의 15미터 정도 나 있었습니다. 정말 아찔한 순간이었습니다.

거의 제 코앞 3미터까지 바짝 다가와서 정지한 것입니다. 차에 탔던 사람들이 갑자기 앞으로 몰리면서 서로 밀치고 부딪치고 해서 엉망이 되어 버렸습니다. 화가 잔뜩 났겠지요. 과연 그들은 총으로 무장하고 머리에 띠를 두르고 있었습니다.

화가 치밀어 올라 얼굴이 벌겋게 상기되어 있는 그들에게 말했습니다.

"죄송합니다. 저는 이곳을 지키는 소대장입니다."

어이가 없다는 듯이 저를 내려다보았습니다.

"저는 여러분을 지금 오셨던 그 길로 다시 돌려 보내라는 명령을 받았습니다."

그들은 눈앞에 벌어진 이 황당한 상황을 보면서 제게 소리쳤습니다.

"미친 놈 아니냐? 뭐야! 장난하자는 거야?"

온갖 말이 다 쏟아져 나왔습니다. 여기서 그들이 한 말을 그대로 옮기지는 않겠습니다.

저는 이미 죽음을 초월한 상태였습니다. 사람이 죽음 앞에서는 언제나 두렵지만 그 죽음을 넘어서게 되면 아주 자유로워집니다. 그 경험을 저는 그때 했습니다.

다시 제가 말했습니다.

"여러분, 정말 죄송합니다. 돌아가 주십시오."

제 말을 들을 리가 있겠습니까? 그들도 광주에서 먼 길을 달려왔고, 기어이 장흥교도소를 해방시켜야 했기 때문입니다.

다시 온갖 말을 쏟아냅니다.

저는 다시 침착하게 말을 했습니다.

"여러분, 제발 돌아가 주십시오. 부탁합니다."

그래도 듣지 않았습니다. 심지어 어떤 사람은 삿대질을 하면서 "저놈을 죽여 버리자"고 말했습니다.

저는 이제 마지막으로 한마디를 해야 했습니다.

"여러분, 좋습니다. 그렇다면 저와 함께 양쪽 언덕을 보시겠습니까?"

사실 저도 그때 처음 봤습니다. 제 생각에 사로잡혀 언덕 위를 볼 마음의 여유가 없었던 것입니다.

그런데 막상 위를 보니까 제 부하들이 모두 흥분을 해서 총을 장전하고 수류탄을 들고 곧 퍼부을 모양으로 아래를 내려다보고 있었던 것입니다. 눈에 불을 켠 듯했습니다. 아찔했습니다.

이 장면을 본 시민군들은 깜짝 놀라 누가 지시도 하지 않았는데 너 나 할 것 없이 이렇게 수군거렸습니다.

"차 돌려! 차를 돌려요!"

그리고 저를 피해 제 뒤편 옆에 있던 작은 공간으로 차를 몰고 가서 돌렸습니다. 그리고는 매연을 뿜으며 먼지와 함께 차를 돌려 왔던 길로 돌아가기 시작했습니다.

할렐루야!

기적 같은 일이 현실이 된 것입니다. 세 가지의 모순된 억지 기도가 다 이루어진 것입니다.

첫째, 제 부하들 중에 단 한 명이라도 다치거나 죽지 않게 해주십시오.

둘째, 저들도 우리의 민족이기 때문에 제 부하와 마찬가지로 단 한 명이라도 다치거나 죽지 않게 해주십시오.

셋째, 군인으로서 명령을 이행해야 하기 때문에 저들을 무사히 왔던 길로 다시 돌아가도록 해주십시오.

생각해 보면 상식적으로 있을 수 없는 일이 일어난 것입니다. 하나님은 이렇게도 역사하십니다. 하나님의 생각은 우리의 생각과 완전히 다르십니다.

"내 생각이 너희의 생각과 다르며 내 길은 너희의 길과 다름이니라"(사 55:8).

하나님이 하시면 다 하실 수 있는 것입니다.

저는 이 순간을 다시 떠올리면서 이런 생각을 해봤습니다. 만약에 제 부하들이 너무 흥분을 해서 그중에 한 명이라도 그만 총을 쐈더라면? 큰일 났겠지요! 군중심리라는 것이 있습니다. 얼마나 무서운지 모릅니다. 순간적으로 그 분위기에 휩싸여서 전부 총을 쏴댔을 것입니다. 그러면 덮개도 없이 차에 탔던 사람들은 거의 다 죽었을 수도 있습니다. 그리고 대응 사격을 하는 가운데 제 부하도 많이 죽었을 수도 있습니다. 저도 물론 그 한가운데 바닥에서 죽었을 것입니다.

아……, 마지막까지 우리 병사들의 심장을 꾹 붙들고 계셨던 주님!

정말 감사드리지 않을 수 없었습니다.

저는 그들이 돌아가는 트럭의 뒤를 보면서 그만 털썩 무릎을 꿇었습니다. 저절로 그렇게 되었습니다.

"하나님, 감사합니다. 하나님, 감사합니다……."

하나님은 저를 도구로 사용하셔서 거의 50명의 생명을 구원해 주신 것입니다.

이 놀라운 사건이 있은 후로 저는 생각을 완전히 바꿨습니다.

덤으로 사는 인생! 다시 한 번 내 모든 것을 다해 하나님을 높이고 목숨 걸고 전도하며 살겠다고 서원했습니다.

그리고 비록 부족하고 허물 많지만 만나는 사람마다 그들에게 복음을 전했고, 어떤 직책에 있든지 그 직책은 전도를 위해 주시는 직책인 줄 알고 복음 전하는 일에 목숨을 걸게 되었습니다.

죽을 각오로 맞서면 정말 놀라운 일이 생깁니다. 이순신 장군이 명량해전을 앞두고 행했던 유명한 연설이 있지요. 우리 모두 잘 알고 있습니다.

"반드시 죽고자 하면 살 것이요, 반드시 살고자 하면 죽을 것이다"(必死卽生 必生卽死).

바로 이 필사즉생(必死卽生)의 정신은 성경과 맞닿아 있습니다.

"누구든지 제 목숨을 구원하고자 하면 잃을 것이요 누구든지 나를 위하여 제 목숨을 잃으면 찾으리라"(마 16:25).

리더십의 정점은 '생명'과 연결되어 있습니다. 생명에 대한 책임이 바로 리더십의 중요한 본질이라 할 수 있습니다.

기왕에 이야기가 나온 김에 이순신 장군의 이야기를 조금 더 하겠습니다. 영적으로 중요한 내용이 있기 때문입니다.

저는 이순신 장군을 세계에 알리는 작업을 진행하고 있습니다. 미국 시카고 방송국과 협력을 해서 4부작 "이순신 코리아" 다큐멘터리를 촬영하고 있습니다. 지금 3년째 진행 중에 있습니다.

그 과정에서 정부의 어려운 허락을 받아 《난중일기》 진본을 연구할 수 있었고, 마침내 기적과도 같은 명량해전의 승리 이유를 밝혀냈습니다.

불과 12척(당일에는 13척)으로 무려 133척을 물리친 이유를 그동안 아무리 궁구해도 납득이 가지 않았는데 드디어 답을 찾아냈던 것입니다.

그 핵심은 바로 '신인'(神人)의 등장이었습니다.

현충사의 난중일기 진본을 들고 있는 필자
명량해전을 재해석하면서 신인(神人)을 발견했다.

명량해전이 일어나기 하루 전인 1597년 9월 15일 일기에 보면 앞서 언급했던 필사즉생(必死卽生)의 연설이 적혀 있습니다. 그리고 또 하나의 놀라운 기록이 있습니다. 바로 그 일기의 끝 부분에 '신인'(神人)이 적혀 있는 것입니다. 꺼져가는 나라의 운명 앞에 잠을 설치며 뒤척이던 이순신 장군의 꿈속에 신인이 나타난 것입니다. 그리고 이렇게 말을 합니다.

"이렇게 하면 크게 이기고 저렇게 하면 진다"(如此則大捷 如此則取敗云).

불과 12척으로 133척의 적선을 상대해야 했던 이순신 장군이었습니다. 당일에는 13척으로 싸우지만 실제로 공격해 온 일본 전선은 무려 300척으로 보고 있습니다. 13대 300.

필사즉생의 연설과 신인의 등장을 기록하고 있다.

그 누구라도, 그 어떤 일이 일어나더라도 이길 확률은 제로에 가깝습니다. 참으로 조선이 일본에게 완전히 정복당하기 일보 직전이었습니다. 절체절명의 위기입니다. 여기에서 지면 조선은 끝장납니다. 오늘날 대한민국은 존재할 수 없었을지 모릅니다. 우리 민족사의 여러 위기 가운데 가장 절망적인 위기를 맞은 것입니다.

그런데 나라의 운명은 오직 이순신 장군에게 달려 있었습니다. 바로 이때 신인이 꿈속에 나타나서 이순신 장군에게 이길 수 있는 병법을 가르쳐 주신 것입니다.

그리고 세계 해전사에서 찾을 수 없는 기적의 승리를 거두었습니다. 조선이 살았고, 대한민국이 살게 된 것입니다.

바로 이 장면은 여리고 성 앞에서 여호수아가 하나님의 군대대장

제5장 하나님의 사람은 때로는 목숨까지도 버립니다 81

을 만난 것과 똑같은 구도입니다. 견고한 성 앞에 섰던 여호수아는 막막했습니다. 그런데 그때 하나님의 군대대장이 칼을 빼들고 나타나서 여호수아에게 성을 성복할 수 있는 '돌아' 병법을 가르쳐 주신 것입니다.

하나님은 이렇게 하나님의 사람을 도우십니다.

저는 많은 곳에서 이순신 장군에 대한 강의를 합니다.

특히 삼성그룹 사장단을 비롯해서 임직원 6천여 명을 대상으로 지난 2년간 이순신 장군에 대한 강의를 진행했습니다. 이때 이순신 장군의 꿈에 나타난 신인을 얘기하면서 하나님의 도우심을 간접적으로나마 밝혔습니다. 좋은 뜻을 가지고 최선을 다하면 반드시 하나님이 돕는다는 것을 힘주어 말했지요.

지난 2013년 8월에는 제40차 CBMC 한국대회에서도 주강사로 초빙되어 바로 이 부분을 강의했고, 2014년 1월 중국 전국대회에서도 이순신 장군을 강의했습니다. 저는 저의 모든 강의를 통해서 직간접적으로 하나님을 드러내는 데 온 힘을 쏟고 있습니다.

이순신 장군을 강의할 때마다 사람들이 제게 하는 질문이 있습니다.
"이순신 장군이 하나님을 믿었었나요?"
충분히 할 수 있는 질문이라 생각합니다.
물론 기독교는 신라시대에 경교(景敎)라는 이름으로 들어왔다고

삼성그룹 임직원을 대상으로 한 2년 과정의 이순신 강의

합니다. 1956년 경주 불국사에서 출토된 돌 십자가와 전남 대흥사에 소장되어 있는 동제 십자가 그리고 마리아상과 비슷하다는 관음상 등이 그 증거가 되고 있습니다. 그렇기 때문에 신라시대를 훨씬 지난 이순신 장군이 살았던 조선시대에는 이미 기독교가 있었다고 봐야지요.

그렇다고 해서 이순신 장군이 기독교를 믿었냐고 질문한다면 답변하기가 참 곤란합니다. 알 수 없으니까요.

제40차 CBMC 한국대회에서 이순신과 ASK 강의

참고로 임진왜란 당시 일본군 선봉대장이었던 고니시 유키나가(小西行長, 소서행장)는 독실한 천주교 신자였고, 십자가를 새긴 군기를 들고 조선에 침공을 했습니다. 그의 또 다른 목적은 천주교의 조선 전파였다고 합니다.

이런 면에서 임진왜란은 어떤 의미에 있어서는 또 다른 영적 전쟁이었다고 봅니다. 이순신 장군이 조선을 지켰기 때문에 당시 천주교의 확산을 막았다고 말한다면 억측일까요?

그런데 이순신 장군이 하나님을 믿었느냐 믿지 않았느냐의 문제보다도 더 중요한 것이 있습니다.

이순신 장군이 하나님을 믿었건 그렇지 않았건 사실 아무런 상관이 없다는 사실입니다. 왜냐하면 하나님은 믿는 자의 하나님이실

뿐만 아니라 믿지 않는 자의 하나님이십니다. 모든 역사와 세상의 주인이십니다. 모든 만물이 하나님의 것입니다. 그렇기 때문에 하나님은 계획하신 그분의 섭리를 이루시기 위해서 믿는 사람이건 믿지 않는 사람이건 모두를 사용하십니다. 심지어 악한 자까지도 들어 사용하실 때가 있습니다. 느부갓네살이나 바로, 고레스도 사용하셨습니다. 하나님은 돌들로도 아브라함의 자손을 만드실 수 있습니다.

"속으로 아브라함이 우리 조상이라고 생각하지 말라 내가 너희에게 이르노니 하나님이 능히 이 돌들로도 아브라함의 자손이 되게 하시리라"(마 3:9).

이순신 장군도 하나님의 섭리를 이루기 위해 선택받은 하나님의 도구였던 것입니다. 하나님이 택하시면 택함을 받는 것입니다.

그러니 절대로 하나님의 택함을 받아 하나님의 일을 한다고 교만해서는 안 됩니다. 하나님이 사용하시지 않으면 한순간에 돌보다도 못한 인간이 될 수 있습니다. 그래서 하나님의 일을 할 때마다 그저 부족한 나를 택해 하나님의 일을 하게 하신 하나님께 감사해야 할 것입니다.

나 같은 것을 사용하시는 하나님, 저는 그저 무익한 종입니다. 마땅히 하여야 할 일을 할 뿐입니다.

이순신 장군을 통해서 조선을 지키게 하시어 오늘날 우리나라를

이순신의 꿈속에 신인의 모습으로 나타나신 하나님

세계 선교대국으로 만드신 하나님의 섭리에 우리는 머리 숙여 감사할 따름입니다.

이제 다시 본래의 이야기로 돌아가서 마무리를 하겠습니다. 막다른 골목길에서 하나님은 저를 도우셔서 50명의 생명을 구하는 기적 같은 일을 이루어 주셨습니다. 무려 34년이 지난 지금도 가끔 그 당시 소대원들이 문자로 안부 인사를 전해옵니다.

"소대장님, 건강하게 잘 계십니까? 김○○ 병장 올림."

그때마다 아찔했던 당시를 회고하며 하나님의 은혜에 감사드리게 됩니다.

그리고 매년 5월 18일이 되면 광주에 있는 교회들이 저를 초청합니다. 저는 당시의 긴박했던 이야기를 전하면서 함께 은혜를 나누고 있습니다.

절체절명의 위기에서 하나님은 신인의 모습으로 나타나시어 이순신 장군을 도우셨듯이 우리가 하나님께 부르짖으면 우리를 그렇게 도와주십니다. 사사로운 욕심을 위해 정욕으로 쓰려고 할 때 기도는 응답 받지 못하지만(약 4:3) 우리가 복음을 위하여, 그리고 좋은 목적을 위하여 최선을 다하면 반드시 길을 열어 주시고 도와주십니다.

하나님께 간절하게 구하고(Ask), 그 최상의 방법을 찾으며(Seek), 그 방법대로 믿음을 가지고 두드리면(Knock), 반드시 해결 받습니다. 선한 뜻과 복음을 위해서 죽고자 하면 살 것입니다. 죽음보다도 강한 것은 없습니다. 죽음의 문제만 초월하면 세상에 무서울 것이 없습니다. 죽을 각오로 하나님께 매달리면 반드시 하나님은 우리를 도우십니다. 하나님의 사람은 때로는 목숨까지도 버립니다.

하나님의 사람은 때를 놓치지 않습니다

독사 유격교관의 반전

독사 유격교관의 반전

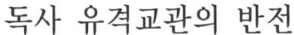

저는 진급해서 중위가 되었고 학군단 교관으로 배치를 받았습니다. 대구에 있는 계명대학교였지요. 저는 어느 곳에 가든지 그곳이 바로 저의 선교지라고 생각하고 있습니다. 하나님이 제게 맡겨 주신 장소라는 것이지요.

학군단 사관후보생들은 여름이면 한곳에 모여서 병영 훈련을 받습니다. 저는 이 기간을 최대한 활용하기로 마음먹었습니다. 왜냐하면 사람은 힘이 들고 고통스러울 때 무엇인가를 의지하려고 하기 때문입니다.

저는 교관들이 맡기를 가장 꺼리는 훈련을 자청해서 택했습니다. 바로 유격훈련이었습니다. 군대에 다녀오신 분들은 아실 것입니다. 그 어떤 훈련보다도 이 훈련은 힘이 들고 고생이 됩니다.

당연히 이 훈련을 시키는 교관도 그만큼 신경이 쓰이고 힘이 들지요. 그래서 다들 이 과목만은 맡지 않으려고 합니다. 저는 이것이야말로 복음을 전하는 데 가장 좋은 과목이라 믿었습니다.

모든 일에는 때가 있습니다. 그 때를 놓치면 나중에 후회해도 소용이 없습니다. 그래서 전도자는 때를 놓쳐서는 안 됩니다. 모든 때를 잘 이용할 줄 알아야 합니다. 때를 잘 아는 것이 지혜입니다.

"날 때가 있고 죽을 때가 있으며 심을 때가 있고 심은 것을 뽑을 때가 있으며"
(전 3:2).

8월의 뙤약볕 아래에서 하루 종일 혹독한 훈련이 이어졌습니다. 입에 거품을 물 정도로 힘이 드는 하루였습니다.

"뭐 합니까! 똑바로 하십시오!"

저는 의도적으로 그 어떤 경우에도 웃지 않았습니다. 아주 엄격하고 모질게 훈련을 시켰습니다. 피도 눈물도 없는 유격 교관이었습니다. 찔러도 피 한 방울 나지 않을 유격 교관이었습니다. 저를 마치 독사와 같다고 생각했을 것입니다.

그런데 이 모든 것은 훈련이 끝날 마지막 한 시간을 염두에 둔 전도의 방법이었지요. 무슨 말이냐고요?

훈련이 종료되는 한 시간 전은 가장 힘들어 하는 시간대입니다. 그야말로 완전히 녹초가 되는 시간이지요.

바로 이때 저는 학군단 후보생들을 모두 땅바닥에 드러눕게 했습니다. 하늘을 보고 두 팔을 벌리고 다리도 넓게 벌리게 했습니다.

그리고 아주 부드럽게 말했습니다.

"귀관들, 힘들지? 아무리 젊었어도 힘이 들고 온몸에 고통이 오지?

인간의 한계를 느끼겠지? 내 힘으로 할 수 있는 게 겨우 이것밖에 안 된다는 생각이 들지? 자, 이 시간에 어머니를 생각해 보자……."

조용히 어머님의 노래를 부르게 했습니다.

"나실 제 괴로움 다 잊으시고……."

혹독하게 유격훈련을 시키고 있는 필자

1절이 채 끝나기도 전에 이곳저곳에서 훌쩍거리는 모습을 볼 수 있습니다. 어느덧 후보생들은 한 명도 예외 없이 하늘을 보고 눈물을 흘리고 있습니다.

"이제, 여러분의 어머니가 여러분을 얼마나 사랑하시는지 새삼 깨달을 수 있을 것이다. 그런데 어머니보다도 더 여러분을 사랑하시는 분이 계신다. 바로……."

이렇게 시작되는 강력하고 짧은 복음의 메시지는 이들의 심령에 그대로 꽂히게 됩니다.

누운 그 자리에서 결신을 시켰습니다.

"이제 나의 약함을 알고, 예수님을 유일한 구주로 믿으며, 퇴소하면 반드시 교회에 나갈 것을 약속할 수 있는가?"

놀라운 사실은 그동안 교회에 다니지 않았던 후보생들 중에 약 90퍼센트가 교회에 나가겠다고 손을 들어 결신을 하는 것입니다. 할렐루야!

제게 맡겨진 영혼들이 단 한 명도 지옥 가지 않게 하기 위해 성령님께 간절히 도우심을 간구하였고, 이들을 위해 기도하였으며, 하나님의 심정이 되어 이들 후보생들을 전도했습니다.

대구 경북 지역의 모든 학군후보생들을 교대로 훈련을 시켰기 때문에 저는 이런 방법을 사용해서 전도를 계속했고, 무려 천 명 이상이나 결신을 하게 되는 놀라운 역사가 유격장에서 일어났습니다.

전도는 마음의 문을 활짝 여는 때를 잘 맞춰야 합니다. 이렇게 학군단 교관 시절에 그리스도의 푸른 계절이 오도록 수많은 젊은 영혼들을 전도할 수 있어서 너무나 감사했고 행복했습니다.

이들 학군 후보생들 중에는 현재 김포제일교회 담임목사로 큰 사역을 감당하고 있는 김동청 목사님도 있었습니다. 김동청 목사님은 서를 김포세일교회에 초청했있고, 제가 설교를 마치자 딘싱에 올라와서는 전 교인들 앞에서 자신이 몇 번이고 포기하고 싶었지만 무사히 2년 후보생 과정을 마치고 소위가 될 수 있었던 것은 저의 엄한 훈계와 따뜻한 격려 때문이라며 추켜 주셨습니다. 저 때문이 아니라 다 주님의 은혜 때문이지요.

전도는 타이밍이 중요합니다. 그리고 복음을 받아들일 마음 상태를 잘 만들어 주어야 합니다. 그렇게 하는 것이 바로 현명한 전도 전략입니다.

세상에서 가장 어리석은 사람이 있다면 주어진 때를 놓치고 뒤늦게 후회하는 사람입니다. 누구나 언제까지나 그 자리에 있지는 못합니다. 권력이든, 재물이든, 명예든 그 무엇이든지 언젠가는 지나갑니다. 그 자리에 있을 때 하나님이 기뻐하시는 일을 해야 합니다. 'The 라면'이라는 재미있는 말이 있습니다. 그때 내가 조금 더 잘했더라면, 그때 내가 그 사람을 도와주었더라면, 그때 내가 조금 더 겸손했더라면, 그때 내가 그 사람에게 복음을 전했더라면. 이것이 바로 'The 라면'입니다. 모든 일에는 때가 있습니다. 하나님의 사람은 때를 놓치지 않습니다.

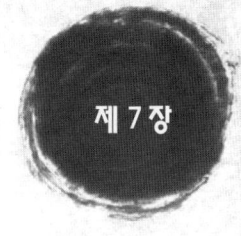

하나님의 사람은 기뻐하고 기도하고 감사합니다

······

하나님의 뜻

하나님의 뜻

이제 중대장이 되었습니다. 1983년부터 1985년까지였습니다. 대위 계급의 중대장은 군대에서 부여하는 최초의 지휘관입니다. 그래서 120명 정도의 부하들을 책임지는 막중한 임무를 가집니다.

저는 중대장을 맡으면서 하나님께 기도했습니다. 제 힘으로 이 많은 생명을 책임질 수 없기 때문입니다. 나 혼자의 생명도 어찌하기 어려운데 어떻게 이 많은 생명을 돌볼 수 있단 말입니까.

"하나님, 저에게 맡겨 주신 이 생명들을 잘 보호하게 도와주옵소서. 특별히 육신뿐만 아니라 영혼을 주님께 인도하는 이 거룩한 사명을 잊지 않게 하옵소서."

저는 그 어떤 것보다도 기도를 중시했습니다. 기도할 때 하나님이 역사하시기 때문입니다. 기도할 때 하늘 문이 열리기 때문입니다. 기도는 힘이 있고, 기도는 능력이 있음을 잘 알고 있기 때문입니다.

"이르시되 기도 외에 다른 것으로는 이런 종류가 나갈 수 없느니라 하시니라"
(막 9:29).

그래서 어떤 훈련을 시작할 때는 중대원을 모아 놓고 반드시 기도부터 했습니다. 처음에는 약간 거부감을 가졌던 부하들도 시간이 지나면서 익숙해졌습니다.

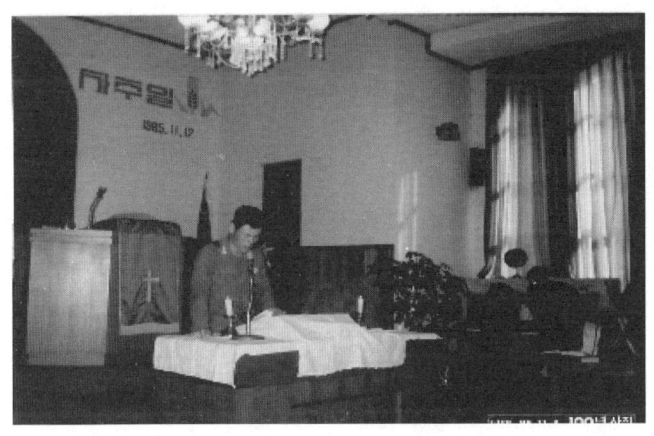

중대장 시절 군복을 입은 채로 대표기도를 하고 있는 필자

어떤 때는 깜박 잊고 있을 때 오히려 부하들이 "중대장님, 기도 안 하십니까?" 하고 되묻곤 했습니다.

이렇게 항상 기도하는 중대장의 모습을 보여주었고, 자연스럽게 중대원들은 기도에 대한 긍정적인 생각을 가지게 되었습니다.

기도로 무장된 군대는 그 어떤 군대보다도 강합니다. 지금부터 기도로 무장된 군대가 위기 시에 어떤 힘을 발휘하는지 실제로

제7장 하나님의 사람은 기뻐하고 기도하고 감사합니다

일어났던 예를 들어보겠습니다.

1985년 어느 날이었습니다. 제가 기동타격중대장을 하고 있던 때였습니다. 기동타격중대라는 것은 어떤 급한 상황이 발생했을 때 가장 먼저 출동해서 작전을 수행하는 부대를 말합니다. 그래서 항상 곧바로 출동할 수 있도록 준비를 갖추고 막사에 대기하고 있지요.

상부에서 급한 명령이 떨어졌습니다. 한강에 실제로 무장공비들이 침투해서 갈대밭에 숨어 있다는 것이었습니다.

무장공비들이 숨어 있다는 그곳은 그 유명한 3·23 완전작전이 감행되었던 바로 그 장소였습니다. 3·23 완전작전이란 1980년 3월 23일에 일산의 갈대밭으로 침투했던 무장공비들을 아군의 피해 없이 일망타진했었던 유명한 작전이지요.

제가 그곳에서 중대장을 하던 1980년 초 당시만 해도 한강의 갈대밭 지역은 수시로 무장공비의 침투 징후들이 보이곤 했습니다. 그리고 그때는 실제 상황이었습니다.

완전 무장을 하고 출동하기 직전에 저는 늘 하던 습관대로 중대원을 모아놓고 하나님께 간절히 기도를 했습니다.

"하나님! 도와주십시오. 우리 부하들이 단 한 명도 다치지 않고 죽지 않게 하옵소서. 이 작전이 무사히 잘 끝나게 하옵소서."

정말 절박한 심정으로 기도를 했습니다. 그리고 한강의 철책선을 넘어 갈대밭으로 들어갔습니다.

대략 무장공비들이 숨어 있다고 판단되는 물이 깊고 울창하게 우거진 갈대밭을 향해 작전이 시작되었습니다. 언제 어디서 총알이 날아올지 모르는 위험한 상황이었습니다. 숨어 있던 적들이 갑자기 총을 난사하면 큰 피해가 있을 것이고, 많은 사람들이 죽을 수 있었습니다. 그래서 병사들은 하나같이 겁에 질려 있었습니다.

"하나님, 도우소서. 중대원들의 생명을 붙잡아 주옵소서."

지휘관의 기도. 이때의 기도는 정말 간절할 수밖에 없습니다. 그런데 갑자기 놀라운 담력이 안에서부터 솟아올랐습니다.

"중대원들은 들어라! 중대장의 명령에 절대 복종해라. 내가 시키는 대로만 사격을 해라. 절대로 겁을 먹지 마라. 죽고 사는 것은 하나님의 손에 달려 있다."

지금 생각해도 하나님이 주시는 담력으로 매우 침착하게 작전을 지휘했습니다.

저의 구령에 따라 일사불란하게 소총 사격을 하고, 기관총을 사격하고, 수류탄도 던졌습니다. 심지어는 화염 방사기까지 동원하고 모든 수단을 다 강구하여 작전을 지휘하였습니다.

대대장과 연대장은 철책 밖에서 오직 저만 바라보았지요. 안으로 들어오고 싶었겠지만 들어올 상황이 되지 않았습니다.

순간순간 찾아오는 죽음의 공포를 이겨가며 작전은 거의 3시간

동안이나 진행되었습니다. 그런데 작전은 안타깝게도 성과 없이 종료되었습니다. 끝내 무장공비는 발견되지 않았습니다.

어쨌든 모두가 무사히 다시 철책선을 넘어올 수 있었습니다.

"하나님, 감사합니다."

만약 저 자신만을 믿었다면 결코 이런 침착한 지휘를 할 수 없었을 것입니다. 하나님이 함께하신다는 강력한 믿음이 모든 불안과 두려움을 날려 버렸던 것입니다. 특히 사람이 죽음의 공포에 빠져 있을 때는 오직 하나님이 주시는 용기로만 견딜 수 있는 것입니다. 결코 인간적인 신념과 자신감으로는 본질적인 두려움과 공포를 제거할 수 없습니다. 그래서 신앙이 얼마나 중요한지 모릅니다.

당시에 저를 믿고 목숨을 건 작전을 충성스럽게 수행했던 중대원은 바로 제9사단 제15중대원들입니다. 참으로 용감하고 자랑스러운 용사들이었지요.

이날 이후에 저의 전도는 훨씬 수월해졌습니다. 그야말로 중대원들과는 한 몸과 같았기 때문입니다.

중대장을 하는 동안 함께 신앙생활을 했던 중대원 중 많은 수가 목회자가 되었습니다. 대표적으로 현재 대천중앙감리교회 담임목사로 시무하는 박세영 목사님이 그러한 경우입니다. 박세영 목사님은 저를 교회로 초청하셔서 말씀을 증거하게 하셨고, 교인들 앞에서 추억의 옛일을 말씀하셨지요.

또한 권근행 목사님을 비롯해서 많은 신실한 부하들이 지금은 나이가 들어 전국 교회에서 중진 일꾼들로서 열심을 다해 주님을 섬기고 있습니다. 얼마나 감사한 일인지요.

제가 2009년 10월 대구 범어교회에 초청받아서 말씀을 전했는데, 그때 저를 초청했던 집사도 바로 그 당시 중대원 병사였습니다.

세상에서 가장 보람된 일이 있다면 함께 신앙생활하던 사람들이 잘되고, 주님 안에서 귀하게 사용되는 것을 보는 것이 아닐까 생각합니다.

그래서 리더가 참 중요하다고 생각합니다. 리더가 어떤 사람인가에 따라 리더에게 영향을 받는 사람들이 달라지기 때문입니다.

중대장 시절 함께 신앙생활을 했던 박세영 목사
(앞줄 왼쪽 군복, 현재 대천중앙감리교회 담임목사)

리더를 전도한 예를 하나 들어보겠습니다.

2차 중대장을 할 때 일입니다. 당시 대대장을 하시던 분이 회식 자리에서 이른바 '운명 공동주'를 명령한 일이 있었습니다. 단 한 명도 예외가 있을 수 없었지요. 그리고 그 대대장은 당시 하나회에 소속된 이른바 최고의 실세였기 때문에 감히 거부할 분위기가 아니었습니다.

참으로 난감한 입장에 처했습니다. 그렇지만 저는 태도를 분명히 하였습니다.

"대대장님, 저는 술을 마시지 않습니다. 양해해 주신다면 이 술을 마시지 않겠습니다. 용서하십시오."

물론 저의 건의는 받아들여지지 않았지요. 다들 저를 주목하며 눈치를 주고 있었습니다. 분위기가 험악해졌습니다. 그때 부대대장이 제게로 와서 역정을 냈습니다.

속으로 기도하였습니다.

"하나님, 이 곤란한 상황을 잘 극복하게 도와주십시오. 분위기를 망치기는 싫지만 어쩔 수 없습니다. 하나님, 하나님께 드린 약속을 지키게 해주십시오."

'그래, 이것으로 인해서 불이익을 받아 군생활에 지장이 있어도 좋다. 내가 하나님을 의지하였는데 무엇을 두려워하겠는가! 사람이 내게 어찌하겠는가!'

"내가 하나님을 의지하였은즉 두려워하지 아니하리니 사람이 내게 어찌하리이까"(시 56:11).

술잔을 들었습니다. 다들 저를 쳐다보았지요. 그리고 안도의 숨을 가늘게 쉬었습니다.

그런데 저는 술잔을 들어 제 턱 밑에 있는 윗옷 사이로 천천히 부었습니다. 가득 부은 술이 가슴을 타고 배꼽으로 내려왔습니다. 갑자기 배가 싸늘하였습니다.

물론 대대장의 얼굴은 볼 수 없을 정도로 일그러져 있었습니다. 정말 죄송했지만 어쩔 수 없었습니다. 사실 평소에도 틈틈이 제가 술을 마시지 않는다는 것을 대대장을 비롯하여 주변 사람들에게 알리기도 했었습니다. 그런데도 막상 술자리에서는 전혀 그것이 통하지 않았습니다.

이런 일이 있은 후에 대대장은 저를 무척이나 힘들게 했습니다. 사사건건 스트레스를 주었습니다. 그러나 저는 오히려 이때부터 그를 위해 기도하기 시작했습니다.

"하나님, 대대장을 불쌍히 여겨 주십시오. 그 영혼을 구원시켜 주시옵소서."

저는 담대한 마음을 가지고, 내 자신이 성령 충만하도록 기도했고, 대대장이 성령으로 감동될 수 있도록 기도했고, 하나님의 심정이 되어 날마다 기도를 했습니다.

역경과 고난은 오히려 유익이 됩니다.

"고난 당한 것이 내게 유익이라"(시 119:71).

고난을 당하면 기도하게 됩니다. 고난은 기도로 이끄는 끈입니다. 사실 게으른 우리가 언제 기도를 할 수 있겠습니까? 모든 것이 편안하고, 아무 일이 없고, 하는 일마다 잘되고, 별로 걱정이 없을 때 기도가 나옵니까?

무언가 걱정이 있을 때, 어려움에 부딪쳤을 때, 고난이 왔을 때 비로소 기도하게 됩니다. 그렇기 때문에 역경과 고난은 오히려 우리에게 유익이 됩니다.

그래서 고난을 만나면 기뻐하시기 바랍니다. 감사하시기 바랍니다. 왜냐하면 그때 기도하게 되고, 그때 하나님을 만날 수 있기 때문입니다. 하나님의 응답과 기적을 경험할 수 있기 때문입니다.

어느 날 대대장과 단둘이 있는 시간이 있었습니다.

"대대장님, 교회에 나가시면 어떻겠습니까?"

"……."

"예수님을 믿으셔야 합니다."

이상하게도 이때 대대장은 제게 특별히 기분 나쁜 표정을 짓지 않았습니다. 그냥 싱긋이 웃기만 했습니다.

저는 이것만 해도 큰 변화라고 생각했고 하나님께 감사했습니다.

그리고 계속적으로 그를 위해 기도했고, 잠시라도 기회가 나면 똑같은 말로 전도를 했습니다.

어느덧 시간은 흘러서 대대장이 이임하는 날이 왔습니다. 떠나는 그 전날 밤에 대대장이 부대대장에게 말하였습니다.

"노병천 그놈, 꼭 술 먹이라! 그래야 진급하고 출세한다!"

이 말을 대대장이 이임한 날 저녁에 부대대장이 제게 전해 주었습니다. 조금은 황당했습니다. 아직도 이런 말을 하다니.

기도의 응답이 더디고, 어떤 때는 전혀 응답이 없을지라도 성령님은 그 가운데서 역사하심을 믿습니다.

그 기세등등하던 대대장은 그 후에 출세 가도를 달렸고, 일차로 장군이 되었습니다. 이대로 나가면 참모총장은 따놓았다는 소문이 자자했습니다.

그런데 어찌 사람이 한 치 앞을 알 수 있겠습니까? 그가 덜컥 위암에 걸렸습니다. 그것도 말기에 발견이 되었습니다. 어떻게 하든지 살아 보려고 갖은 애를 쓰다가 나중에는 도저히 방법이 없자 결국 교회로 발길을 돌렸습니다. 드디어 하나님을 찾은 것입니다.

그는 세상을 떠나기 전 마지막까지 교회를 잘 다녔다고 합니다. 그리고 병문안을 온 사람들에게 제 얘기를 하면서 "그 친구는 진짜 기독교인이야"라고 했다고 합니다.

하나님, 감사합니다!

때로는 전도하다가 실망할 때가 있습니다. 당장에 성과가 없을 때가 너무나 많기 때문이지요. 그러나 절대로 포기해서는 안 됩니다. 언젠가 때가 되면 반드시 열매를 맺습니다. 자라게 하시는 분은 하나님이시니 우리는 그저 열심히 심어야 합니다.

여기서 기독교인의 술 문제에 대해 잠시 생각할까 합니다. 적어도 기독교인이라면 술을 마시지 않아야 한다고 믿습니다. 구원의 문제와는 별개로 우선 보기에 좋지 않습니다. 덕이 되지 않습니다.

가끔 집사나 심지어 장로 직분을 받은 사람조차도 출세를 의식해서, 인간관계를 좋게 한다는 핑계로 술을 마시는 사람을 봅니다. 안타까운 일이 아닐 수 없습니다. 어떤 사람은 술 마시지 말라는 말이 성경에 어디 있느냐고 반문하기도 합니다. 있습니다. 잠언 23장에 보면 심지어 포도주조차 보지 말라고 말씀하고 있습니다.

"포도주는 붉고 잔에서 번쩍이며 순하게 내려가나니 너는 그것을 보지도 말지어다"(잠 23:31).

왜 술을 마시지 말아야 하는가 하면 우리의 몸은 성전이기 때문입니다. 우리의 몸 안에 성령님이 계시기 때문입니다.

"너희는 너희가 하나님의 성전인 것과 하나님의 성령이 너희 안에 계시는 것을 알지 못하느냐"(고전 3:16).

성전 안에 술을 붓고 담배연기를 넣을 수는 없습니다.

마귀는 하나님의 일을 열심히 하는 사람을 골라 집중적으로 공격합니다. 마귀가 은밀하게 쳐놓은 덫은 다양합니다. 술과 담배 외에도 돈의 덫이 있습니다. 돈의 유혹은 참 뿌리치기 힘듭니다. 그래서 많은 사람들이 여기에 넘어집니다. 심지어 목회자까지도 여기에 넘어질 때가 있습니다. 교인들의 피와 땀으로 얼룩진 귀중한 헌금을 마치 개인 용돈처럼 생각하는 태도 때문입니다.

또한 이성의 유혹이 있습니다. 계획적으로 접근하는 이성의 유혹은 정말 무섭습니다. 무엇보다도 그러한 환경에서 벗어나야 합니다. 요셉이 보디발의 아내가 유혹할 때 겉옷을 벗어던지고 도망친 것이 그것입니다. 아주 현명한 행동입니다. 점잖게 설득하겠다고 하는 생각은 순식간에 무너질 수 있습니다. 그러니 재빨리 그러한 환경에서 도망쳐 나와야 합니다.

마귀는 이것 외에도 곳곳에 우리를 파멸로 이끌 덫을 쳐놓고 있습니다. 한 발도 마음대로 뗄 수가 없을 지경입니다. 우리가 아무리 애를 써도 한계가 있습니다. 그래서 우리는 날마다 기도해야 합니다. 수시로 기도해야 합니다. 항상 기도해야 합니다.

성경에 보면 하나님의 뜻이 분명하게 드러나 있는 말씀이 있습니다. "항상 기뻐하라 쉬지 말고 기도하라 범사에 감사하라 이것이 그리스도 예수 안에서 너희를 향하신 하나님의 뜻이니라"(살전 5:18). 기뻐하고 감사하고 기도하는 것입니다. 기뻐하고, 기도하고, 감사하는 것은 별개의 것이 아닙니다. 연결되어 있습니다. 기뻐서 기뻐하는 경우도 있겠지만 기뻐하면 기쁜 일이 찾아옵니다. 일부러라도 기뻐하십시오. 잘 참고 견디면 반드시 좋은 날이 옵니다.

쉬지 말고 기도하십시오. 기도하는 습관은 너무나 중요합니다. 아무리 작은 일이더라도 기도하면서 답을 구하십시오. 다윗은 어떤 일을 하기 전에 반드시 하나님께 기도로 여쭈었습니다. 기도는 하나님의 지혜를 얻는 지름길이요 문제 해결의 마스터키입니다. 기도는 하나님이 우리에게 주신 최고의 영적 무기입니다. 기도하는 사람은 당할 수 없습니다.

기도를 할 수만 있다면 이미 끝난 것입니다. 마귀는 우리가 기도를 하지 못하게 만듭니다. 왜냐하면 기도하면 하나님이 도우시기 때문입니다. 구하고(Ask), 찾고(Seek), 두드리면(Knock) 반드시 하나님이 응답하시기 때문입니다. 그게 그분의 약속이기 때문입니다.

범사에 감사하십시오. 어떤 경우에도 감사하되 특히 역경과 고난을 만나면 더욱 감사하십시오. 나를 괴롭히는 사람을 만났을 때도 감사하십시오. 마귀가 할 수 없는 유일한 언어가 바로 '감사'입니다. 그래서 우리가 어떤 일에도 '감사'를 하게 되면 마귀가 벌벌 떱니다. 그래서 무조건 감사하십시오. 감사를 입에 달고 다니십시오. 자나 깨나 감사하십시오. 우리가 이 땅을 떠날 때 마지막 남길 말도 "하나님, 감사합니다"입니다. 하나님의 사람은 기뻐하고 기도하고 감사합니다.

제8장

하나님의 사람은 강하고 담대합니다

연병장의 기도

연병장의 기도

이제 대대장이 되었습니다. 1992년입니다.

부족한 사람을 하나님이 세워 주셨습니다. 대대장이면 500명의 부하들을 책임져야 합니다. 그 책임의 막중함에 어깨가 정말 무겁습니다. 그래서 이전보다 더욱 기도를 해야 할 수밖에 없습니다. 저에게 맡겨진 이 생명들을 모두 주님 앞으로 인도해야 했습니다.

"하나님, 도와주십시오."

하나님이 지위를 높여 주시는 이유는 분명합니다. 그만큼 높은 위치에서 더 많은 사람들에게 주님을 전하라는 것입니다. 그것을 깨닫지 못하고 그저 출세를 했다고 목에 힘이나 준다면 하나님을 아프시게 하는 것이라 믿습니다.

제가 담당하고 있던 대대는 대전의 계룡대에 위치하고 있는 육군본부와 해군본부 그리고 공군본부를 직접 경호하는 기동타격대대였습니다. 특공대대였지요. 그래서 매우 중요한 부대였습니다. 그렇기 때문에 항상 육군본부의 통제를 받으며 세심한 감시하에 있었습니다.

저는 습관처럼 새벽기도를 나가면서 하나님께 기도로 매달렸습니다. 제 힘으로는 아무것도 할 수 없음을 잘 알고 있었습니다.

저는 대대장을 하면서 두 가지 의도적인 행동을 했습니다. 첫째는 대대 연병장 앞에 설치되어 있는 높은 탑이 있었는데(유격훈련용 막타워), 수시로 이 높은 곳에 올라가서 무릎을 꿇고 하나님을 향해 기도를 드렸습니다. 이러한 대대장의 모습을 전 대대원들이 자연스럽게 매일 볼 수 있었습니다.

'아, 우리 대대장이 매일 우리를 위해 기도를 하고 있구나!'

그리고 또 한 가지 의도적인 행동을 했습니다. 대대장으로 부임한 지 약 3개월이 지난 후부터입니다. 아침 8시 일과가 시작되는 시간에 전 대대원을 연병장에 집합시켰습니다. 그리고 모두들 무릎을 꿇게 했습니다.

"오늘부터 우리 모두는 아침을 여는 이 시간에 무릎 꿇고 기도를 하겠다. 내가 기도를 할 테니까 여러분도 각자 기도를 하기 바란다."

그리고 마이크 앞에서 두 손을 높이 들고 하나님께 간절히 기도를 드렸습니다.

"하나님, 오늘 하루를 허락하시니 감사합니다. 오늘 하루도 우리 모두가 안전하고 건강하게 도와주시옵소서. 고향에 계시는 부모님들도 건강하고 행복하게 하시옵소서……."

이른바 연병장의 기도입니다. 전 대대원이 아침마다 이렇게 기도로 시작한 것입니다.

그런데 이 소문이 곧 육군본부에 알려졌습니다. 항상 감시하에 있는 부대라서 당연히 알려지겠지요.

어느 날 저에게 육군본부에 근무하는 법사(승려)가 찾아왔습니다. 계급은 저와 같은 중령이었습니다. 화가 잔뜩 난 모습이었습니다.

"아니, 어떻게 대대장이 이런 일을 벌일 수 있소?"

마침 이 당시에 어떤 일이 있었는가 하면, 모 부대 전차대대장을 했던 장교가 부임하자마자 강당에 방치되어 있던 불상을 제거한 일이 있었는데 이 사실을 알고 불교계에서 시비를 걸어 공론화했고, 결국 그 전차대대장이 군복을 벗는 불상사가 있었습니다. 언론에 알려져서 세인의 큰 관심사가 되었지요.

이런 분위기에서 제가 연병장에 전부를 모아놓고 날마다 기도를 했으니 정말 보통 일은 아니었을 것입니다. 그래서 육군본부의 법사가 이렇게 상기되어 길길이 난리를 치는 것이었습니다. 당연한 일입니다. 이제 또 커다란 한 건을 잡았다는 기세였습니다. 어찌 보면 정말 위기가 아닐 수 없었습니다.

그때 저는 잠시 하늘 아버지께 기도를 했습니다. 어떤 답변을 하는가에 따라 결과가 엄청나게 달라질 수 있기 때문입니다. 정말 신중을 기해야 했습니다. 그래서 하나님의 지혜를 구했습니다. 아주 짧은 순간이지만 하나님은 제게 멋진 지혜를 주셨습니다.

"예, 정말 죄송합니다. 제가 참 잘못했지요? 그래서 속이 많이 상하셨지요? 죄송합니다."

그렇습니다. 이런 일이 있을 때는 절대로 감정적으로 부딪치면 안 됩니다. 일단 그분의 마음을 녹일 필요가 있습니다. 정중히 사과부터 했습니다. 그러자 그분의 마음이 약간 녹았습니다. 감정적으로 부딪치면 정말 될 일도 되지 않게 되지요. 절제가 필요하고 지혜가 필요합니다.

"보라 내가 너희를 보냄이 양을 이리 가운데로 보냄과 같도다 그러므로 너희는 뱀같이 지혜롭고 비둘기같이 순결하라"(마 10:16).

연병장에서 기도할 당시 모습

제8장 하나님의 사람은 강하고 담대합니다

뱀같이 지혜롭게 자신을 낮추고 뒤로 물러서는 것은 바보나 비겁자가 아니라 하나님이 가르쳐 주신 지혜자의 태도입니다. 본래 강한 자가 양보도 하고 물러설 수도 있는 것입니다.

다시 제가 부드럽게 말했습니다.

"그런데 법사님, 제 말씀을 잘 들어 보시겠습니까? 저는 많은 장병을 지휘하고 있습니다. 그리고 제 부대의 임무는 아시다시피 너무 막중하고 또한 위험합니다. 제가 우리 부하들의 생명을 책임져야 합니다. 그런데 제 능력이 부족해서 어떻게 이 많은 생명을 책임질 수 있겠습니까?"

"……."

"법사님, 제가 만약에 불자라면 어떻게 했겠습니까?"

법사는 조용히 생각하더니 이렇게 말했습니다.

"아 그거야 목탁을 들고 부처님께 불공을 드렸을 것 같네요."

"그렇습니다! 법사님! 제가 불자였다면 꼭 그렇게 했을 것입니다. 그렇다면 법사님이 저를 찾아오실 이유가 없었겠지요. 오히려 박수를 보내셨겠지요."

"그랬겠지요."

"예, 분명히 저를 칭찬하시고 오히려 격려를 해주셨을 것입니다. 그런데 죄송하게도 저는 불자가 아니고 기독교인입니다. 하나님의 사람입니다. 그래서 저는 하나님을 향해 손을 들고 기도를 한 것입니다."

"충분히 알겠습니다. 이해합니다. 그 대신에 앞으로 담장 밖으로 소리가 너무 나가지 않도록 조금만 조심해주세요."

이렇게 해서 일단락이 되었습니다.

바로 그다음 날부터 제가 어떻게 했겠습니까? 그렇습니다. 똑같이 모두를 연병장에 모았습니다. 그리고 이제는 약간의 테크닉을 발휘했습니다.

"나는 하나님의 사람이다. 나는 내가 믿는 하나님께 기도를 하겠다. 여러분은 여러분이 각자가 믿는 대상에 따라 기도하기 바란다."

그리고 사실 그 내용과 방식은 이전과 똑같이 했습니다. 담장 밖으로 기도 소리가 나가는 것은 어쩔 수 없었습니다. 연병장의 기도는 제가 대대장을 마치는 날까지 계속되었습니다. 한 생명이 너무나 귀했기 때문입니다. 제게 맡겨진 그 한 생명들이 천하보다도 귀했습니다. 그 생명을 구하기 위해서는 무엇보다도 강하고 담대하게 복음을 전해야 합니다.

"여호와를 바라는 너희들아 강하고 담대하라"(시 31:24).

방해하는 세력에 주눅이 들어 그 귀한 사명을 소홀히 해서는 안 된다고 생각합니다. 내 출세나 진로를 걱정해서 그 귀한 생명을 구할 기회를 놓쳐서는 안 된다고 생각합니다. 언제까지 그 자리에 있을 수는 없습니다. 조금이라도 힘이 있을 때 하는 것입니다.

먼지가 날리는 연병장의 기도.

이 기도를 통해 많은 영혼들이 주님 앞으로 돌아오는 역사가 일어났습니다. 나중에는 70퍼센트나 되는 수많은 대대원들이 교회로 나왔습니다. 할렐루야!

혹자는 말합니다. 아무리 전도도 중요하지만 어리석은 행동을 했다고. 무식하고 위험한 행동이었다고. 그렇게 말할 수 있겠지요.

맞습니다. 분명히 지혜롭지 못한 행동일 수 있습니다. 그러나 전도는 때로 이렇게 무식하고 지혜롭지 못한 방법으로 해야 할 때도 있다고 생각합니다. 이것 재고 저것 재며, 눈치 보다가 정작 아무것도 하지 못하는 것보다는 백번 낫다고 저는 생각합니다. 머뭇거리지 말고 일단 저지르는 것이 중요합니다.

제가 시카고에서 연합집회를 인도할 때의 일입니다. 집회 이틀 전에 전화가 왔습니다.

"저……, 노병천 대대장이십니까?"

"누구십니까? 대대장이라니?"

"예, 만나뵙고 말씀드리겠습니다."

이렇게 해서 만난 사람이 장영조였습니다. 장영조는 미국에 이민 온 지 10년이 된 저의 대대원이었습니다. 정말 오랜만에 반갑게 만나 얼싸안고 기뻐했습니다.

"시카고에서 연합집회하신다는 포스터를 보고 단번에 대대장님이신 줄 알았습니다."

"그래, 반갑다."

그런데 갑자기 장영조가 무릎을 꿇었습니다.

"대대장님, 용서해 주십시오!"

"왜 그래? 일어나!"

"대대장님, 사실은 제가 그때 대대장님을 육군본부에 신고했던 그놈입니다."

세상에!

당시에 장영조는 병사로서 대대 위생병을 하고 있었고, 불교신우회를 맡고 있던 돈독한 불자였다고 합니다. 매일 아침에 대대장이 전체를 모아놓고 기도를 하니 속이 상해서 견딜 수 없어서 상부에 보고를 했다는 것입니다.

그런데 그때 그가 변했다고 합니다. 그 어떤 방해나 시련에도 멈추지 않고 계속된 연병장의 진심 어린 기도에 은혜를 받아서 그때부터 훌륭한 기독교인이 되었다고 합니다.

너무 반갑고 감사했습니다. 그래서 시카고 연합집회 때 장영조를 앞으로 불러내어 간증을 시켰습니다. 다들 폭소를 했고 함께 은혜를 받았습니다.

시카고 연합집회 포스터

장영조와 필자

제가 대대장을 하는 동안 잊을 수 없는 한 사건이 있었습니다. 퇴근 후에 집에서 쉬고 있던 어느 날 밤이었습니다. 갑자기 중대장에게서 전화가 왔습니다.

"대대장님! 저……."

말을 잘하지 못하는 것을 보니 무언가 큰일이 터진 것 같았습니다. 지휘관의 직감이라는 것이 있지 않습니까?

급히 대대로 들어갔습니다. 제 집무실에 들어가니 아니나 다를까, 무슨 일이 생겼습니다. 중대장이 들어오더니 벌벌 떨며 말을 잘하지 못했습니다.

"무슨 일이지? 말해 봐라."

중대장은 큰 숨을 한 번 쉬더니 이렇게 말했습니다.

"최형길(가명) 일병이 자살을 시도하려 했습니다."

그러면서 중대장은 손에 쥐고 있던 총알 하나를 제게 건네주었습니다.

사연인즉 군대 생활에 적응을 하지 못한 최 일병이 자살을 하기 위해 몰래 총알을 하나 숨겼다가 초소에서 죽으려고 총을 막 당기는 순간에 다행히 순찰자에 의해 발견되었던 것입니다.

순간, 저는 하나님께 기도를 드렸습니다.

"하나님, 감사합니다. 한 생명을 구해 주셨습니다."

저는 중대장을 안심시킨 후에 돌려보내고 잠시 기도를 한 뒤에 최 일병을 제 집무실로 불러들였습니다.

그때 제가 본 최 일병의 눈동자와 얼굴은 지금 생각해도 소름이 끼칠 정도로 험악하게 변해 있었고, 죽음의 그림자가 얼굴을 덮고 있었습니다. 사탄이 그 심령에 깊이 틀어박혀 있었던 것입니다. 참 심각했습니다. 그러니 죽으려고 했었지요.

저는 그 영혼이 너무나 불쌍했습니다. 한창 젊은 나이에 왜 저 지경까지 갔을까? 저는 최 일병을 구할 수 있는 길을 생각했습니다. 그래서 처방을 내렸습니다.

"지금부터 최 일병은 대대장과 함께 지낸다. 바로 옆 당번실에서 먹고 자고 해라."

"……."

"그리고 내가 성경 한 권을 줄 테니 매일 열 장씩 읽어라. 저녁마다 내가 체크할 것이다."

저는 이 방법밖에 없다고 믿었습니다. 사람이 사람을 근본적으로 고친다는 것은 사실상 불가능하다고 생각합니다. 더구나 죽음의 영이 들어왔을 때는 절대로 사람의 어떤 능력으로는 불가능할 것입니다. 오직 주님의 능력! 오직 말씀의 능력 외에는 길이 없음을 저는 잘 알았습니다.

하루가 지났습니다.

이틀이 지났습니다.

사흘이 지났습니다.

최 일병은 아무 생각 없이 의무적으로 성경을 넘기고 있었습니다. 저는 최 일병을 위해 기도하고 또 했습니다. 무엇보다도 성령님이 그의 마음에 강하게 임하시도록 간절히 기도했습니다.

일주일이 지났습니다.

이주일이 지났습니다.

어느덧 한 달이 지났습니다.

그런데 최 일병이 변하기 시작했습니다. 성령님이 그의 심령을 만지기 시작하셨습니다. 두 달이 채 되기 전에 최 일병은 완전히 새로운 사람이 되었습니다.

어느 날이었습니다. 최 일병이 제게 개인 면담을 요청했습니다. 그리고 말했습니다.

"대대장님, 내일부터 새벽기도를 나가도 되겠습니까?"

최 일병의 눈동자는 소망으로 반짝 빛이 났습니다. 그의 얼굴은 생명의 색으로 환하게 바뀌었습니다. 사랑의 하나님은 최 일병을 안아 주셨고, 그에게 새로운 삶을 허락하셨습니다. 말씀의 능력입니다. 성령의 능력입니다.

그 후 최 일병은 무사히 전역을 했고, 세월이 지난 어느 날 그는 참하게 생긴 애인과 함께 저의 집을 찾아왔습니다. 아내와 저는 정말 기뻤습니다.

그리고 더욱 감사한 것은 그 세월 동안 신학대학교에 들어가서 신학을 공부했고, 이제는 전도사로서 사역을 감당하고 있다는 것이었습니다.

할렐루야! 주님을 찬양합니다.

아무리 많은 죄를 지었더라도 기회를 주시는 하나님. 자살 직전까지 갔던 한 생명을 건지시고 하나님의 종으로 삼으신 사랑의 하나님. 그 어떤 사람도 변화시키시는 하나님. 그 하나님을 믿는 우리 모두는 하나님의 사람입니다.

하나님의 사람은 항상 하나님을 생각하는 사람입니다. 밥을 먹든지, 길을 가든지, 운전을 하든지 늘 하나님을 생각하는 사람입니다. 하나님의 사람은 '코람데오'를 잊지 않습니다. 라틴어로서 '코람'(coram)은 '앞에서'라는 뜻입니다. '데오'(Deo)는 '하나님'입니다. 그래서 이 둘을 합해서 '하나님 앞에서'라는 뜻을 가지고 있습니다. 우리는 하나님 앞에서 살아가는 거룩한 하나님의 백성입니다. 그래서 하나님의 사람은 코람데오를 잊지 말아야 합니다.

'하나님 앞에서' 거룩하게 살아가는 하나님의 사람은 무엇보다도 강하고 담대해야 합니다. 가나안 땅 정복을 앞두고 여호수아에게 하나님은 강하고 담대할 것을 명령하셨습니다(수 1:9). 하나님의 사람으로 살다 보면 여러 가지 어려운 일을 만납니다. 마귀가 여러 가지 모양으로 흔듭니다. 그러나 절대로 약해져서는 안 됩니다.

하나님의 사람은 하나님 앞에 있는 사람입니다. 하나님 앞에 있는 하나님의 사람은 강하고 담대합니다.

하나님의 사람은 결코 포기하지 않습니다

지뢰로 죽었던 생명이 살아나다

지뢰로 죽었던 생명이 살아나다

이제 연대장이 되었습니다. 2002년입니다.

세월이 참 빨리 갑니다. 어느덧 제가 이런 나이가 되었습니다. 그리고 하나님의 크신 은혜로 지금까지 일차로 진급을 해왔습니다. 저를 이렇게 높이 세워 주신 데는 분명히 뜻이 있습니다. 저는 그것을 잘 알고 있습니다. 세상에서 주어지는 모든 신분과 지위는 그것을 통해서 복음을 전하라는 것입니다. 그저 사람들에게 대접 받으며 목에 힘주라고 그런 직책이 주어지는 것이 아닙니다. 또한 그런 목적으로 직책을 사용해서도 안 됩니다.

제가 맡은 지역은 강원도 최전방 해안지역이었습니다. 병사들의 고생이 심했습니다. 특히 겨울이 되면 동해 바다의 찬바람 가운데 밤과 낮이 바뀌는 근무를 서야 합니다. 볼이 얼어서 말도 잘 못할 때가 많습니다.

저는 이런 악조건 속에서 근무를 서는 병사들을 보면서 이런 기회야말로 전도하기에 최적의 조건이라고 생각했습니다.

근무를 설 때는 새벽 1시에서 3시 사이가 가장 힘든 시간입니다.

바로 이 시간에 저는 따뜻한 커피를 준비해서 초소를 돌기 시작했습니다. 커피를 나누면서 이렇게 말했습니다.

"지금, 이 추운 날에 너희만 근무를 서고 있지 않다. 너희 옆에 하나님이 함께 계신다."

거의 매일 이런 커피 순찰은 계속되었습니다. 한때 군단에서 연대장들이 얼마나 순찰을 잘하는지 통계를 내기도 했는데, 그때 제가 가장 많은 회수의 순찰을 돌았다고 보고가 되기도 했습니다.

나라를 지키는 이 고귀한 임무를 잘해야 했지만 제게 있어서 이러한 순찰은 전도를 위한 최고의 기회였기에 이 귀한 기회를 놓칠 수 없었습니다. 그래서 누가 보든 안 보든, 보고를 하든 안 하든, 아무런 관계없이 그 춥고 미끄러워 위험한 해안 절벽을 아슬아슬 타면서 순찰을 돌고 또 돌았습니다.

내가 아직 걸을 만한 힘이 있을 때, 내가 비록 보잘것없지만 어떤 권력이나 지위가 있을 때, 나중에 다 지난 뒤에 땅을 치며 후회하기 전에, 때를 얻든지 못 얻든지 부지런히 전도를 해야 한다고 믿습니다. 저는 나중에 후회하지 않도록 열심히 순찰하며 생명의 말씀을 전했습니다.

어떤 때는 해변에 풀어 놓은 외국산 사냥개 다섯 마리에게 급습을 당해 죽을 위기까지 간 적도 있었습니다. 다행히 목숨은 건질 수 있었지만 온몸에 깊숙이 개의 이빨 자국이 남았고, 제가 입고 있던 옷은 갈기갈기 찢겨져 피투성이가 되었습니다. 이 옷은 지금도 간직하고 있습니다. 쉬쉬했던 이 사건은 어느새 소문으로 떠다녔고, 저를 아는 많은 사람들로부터 걱정 어린 안부 전화를 받았습니다.

그동안 군 생활을 하면서 불발탄 폭발을 비롯해서 여덟 번이나 죽을 고비를 넘겼었는데, 이번에는 개에 의해 죽을 고비를 넘겼으니 과연 생명은 전적으로 하나님의 손에 있는 것입니다.

우리가 아직 살아 있다는 것은 아직 전도를 해야 하는 사명이 남아 있다는 것입니다. 우리 주님의 지상명령을 수행하는 일에는 내 목숨조차도 아끼지 않아야 된다고 늘 생각합니다.

연대장을 하는 동안 참 안타까운 일이 있었습니다.

어느 날, 갑자기 초등학교 때의 같은 반 친구가 몇십 년 만에 가족들을 다 데리고 저를 면회 왔었습니다. 그런데 그는 자리에 앉자마자 돈 자랑부터 했습니다. 아마도 당시에 몇백억 대의 부자였고 큰 사업가였던 것으로 기억됩니다. 입이 딱 벌어질 장래의 사업 확장계획도 자랑스럽게 말했습니다. 그때 제가 말했습니다.

"친구야, 돈 버느라 정말 수고했네. 그런데 돈에 모든 것을 걸지 않았으면 하네."

"······."

"돈이 아무리 많아도 하나님이 어느 한순간에 전부 가져가실 수도 있네."

"……."

"그래서 성경에는 청지기라는 말이 있네. 청지기라는 것은 말 그대로 잠시 지키는 사람이라는 뜻이지. 모든 것의 주인은 하나님이신데 이 세상에 우리가 살 동안에 잠시 맡겨 주시는 것이지. 많든 적든……."

"……."

"결국 우리가 죽으면 단 하나도 가지고 가는 게 없다는 것이지."

"……."

"세상에는 돈보다 더 귀중한 것이 있다고 생각하네. 가치 있는 삶이지. 그리고 나아가서는 구원받고 천국에 가는 것이지."

진심으로 그 친구에게 말을 했지만 선뜻 받아들이지 못하는 듯했습니다. 그래서 부자가 천국 가기가 쉽지 않은 것 같습니다.

"성경 말씀에 보면, 어리석은 자여, 오늘 밤에 네 영혼을 도로 찾으리니 그러면 네 준비한 것이 누구의 것이 되겠느냐고 하는 말씀이 있네. 깊이 생각하게."

그 친구는 제가 진지하게 한 말에 대해 속으로는 얼마나 심각하게 받아들였는지 몰라도 겉으로 보기에는 별로 받아들이는 기색이 없었습니다. 안타까웠지요. 결국 그대로 보냈습니다.

그런데 저와 대화를 끝낸 지 정확히 한 시간 후에 큰일이 벌어졌습니다. 그만 그 친구가 목숨을 잃은 것입니다. 바다에 나갔다가 졸지에 동해 바다의 험한 급류에 휘말린 것입니다. 영안실에 안치된 그를 봤을 때 그의 두 손에는 몇 개의 모래알만 묻어 있었습니다.

"그가 모태에서 벌거벗고 나왔은즉 그가 나온 대로 돌아가고 수고하여 얻은 것을 아무것도 자기 손에 가지고 가지 못하리니"(전 5:15).

사람의 운명이란 정말 알 수 없습니다. 언제 무슨 일을 당하게 될지 어찌 알 수 있겠습니까? 한 치 앞을 내다볼 수 없는 것이 사람의 목숨입니다. 저는 이 친구를 생각하면 전도를 결코 게을리 할 수 없습니다. 언제나 지금이 마지막 기회라는 생각을 항상 하게 됩니다.

지금이 마지막이다. 다음은 없다. 이 사람을 위해 하나님이 바로 지금 나를 보내셨다. 내가 바로 이 시간에 복음을 전하지 않는다면 영원히 이 사람에게는 기회가 없을지도 모른다……. 때를 얻든지 못 얻든지 열심을 다해 주님을 전하자.

한 생명이 천하보다도 귀하다는 것을, 그리고 포기하지 않고 하나님께 매달리면 반드시 기적이 일어난다는 것을 절실히 깨닫는 사건이 있었습니다.

2002년 8월 31일, 태풍 루사가 한반도를 덮쳤습니다. 루사로 인해서 246명의 인명 피해가 났고, 5조 원이 넘는 재산 피해가 있었습니다. 특히 강원도 지역은 직접 영향권에 들어서 피해가 엄청났습니다. 길이 갈라지고 파여서 내륙에 있는 대대는 음식물을 헬리콥터를 통해 날라서 먹어야 했습니다.

피해복구를 하는 중에 무엇보다도 신경이 쓰이는 것은 북한 쪽에서 떠내려 오는 지뢰들이었습니다. 6·25전쟁 당시의 낡은 지뢰들도 있었기 때문에 민간인에게 접촉되면 큰 피해가 예상되었습니다. 그래서 아침마다 중대별로 구역을 나누어 전방에 보내 지뢰를 탐지하고 표시를 해두도록 했습니다.

그런데 어느 날이었습니다. 갑자기 작전과장이 급하게 뛰어왔습니다.

"연대장님! 큰일 났습니다.

지휘관에게는 직감이라는 것이 있습니다. 뭔가 큰일이 일어난 듯했습니다.

"지뢰가 터졌습니다."

전방에 보낸 7중대에서 지뢰가 터져 중대장이 크게 다쳤다는 소식입니다.

마침 연병장에 음식물을 나르기 위해 대기하고 있던 헬리콥터가 있었습니다. 저는 무작정 그곳으로 뛰었습니다.

제 아내도 이 소식을 접했습니다. 군인가족을 모두 교회로 모이라고 했습니다. 그리고 종교를 불문하고 한 생명을 살리기 위한 중보기도가 시작되었습니다.

저는 헬리콥터 조종사에게 빨리 전방으로 날아가자고 했습니다. 그런데 한창 북쪽으로 날아가던 조종사가 제게 머뭇거리면서 말했습니다.

"연대장님, 더 이상 못 들어갑니다."

바로 비행금지구역(NFL)에 들어선 것입니다. 이 구역을 넘어서기 위해서는 사전에 상부에 보고가 되어야 합니다. 군사분계선과 가까워서 북한 측에서 무슨 일을 할지 모르기 때문입니다.

그런데 그럴 시간이 없었습니다. 촌각을 다투는 상황입니다. 저는 조종사인 준위에게 단호하게 말했습니다.

"들어가시오!"

"안 됩니다!"

저는 이때 강압적인 수단을 사용할 수밖에 없었습니다. 저의 미래 모든 것을 걸었습니다.

"내 말대로 하시오! 아니면 같이 죽소!"

이때의 절박한 상황은 저를 극단적인 행동으로 몰고 갔습니다. 결국 이것이 나중에 제 장군 진급에 악영향을 미쳤다고 생각합니다.

저는 오로지 한 생명을 살려야겠다는 생각밖에 없었습니다. 7중대장인 김 대위는 29세의 청년장교입니다. 다음 해에 결혼까지 준비하고 있는 청춘입니다. 그런데 지뢰 폭발로 쓰러진 것입니다.

지뢰가 터져 생명이 위독한 중대장을 향해 헬리콥터로 날아갔다.

결국 헬리콥터는 금지선을 넘어 전방으로 날아갔습니다. 위에서 땅바닥에 누워 있는 김 대위를 볼 수 있었습니다. 처참했습니다.

김 대위가 만진 지뢰는 이른바 발목지뢰라고 불리는 M14 폭풍지뢰였습니다. 마침 폭풍지뢰가 전방 철책선과 바닷물 사이에 달랑거리며 걸려 있었는데, 그대로 두어 물에 떠내려갈 경우에 민간인이 크게 다칠 것을 염려해서 김 대위가 살짝 들어 안전한 곳에 옮기려다 그만 복부 앞에서 폭발을 한 것입니다. 공중에 떠서 거의 5미터를 날아서 땅바닥에 엎어진 것입니다. 복부 부분은 움푹 파였고 온통 피바다가 되었습니다. 마침 군의관이 있어서 김 대위 배 위에 여러 헝겊조각을 덮어 지혈이 되도록 누르고 있었습니다. 그 장면을 보니 아찔했습니다.

저는 거의 의식을 잃어 가고 있는 김 대위를 보면서 말했습니다. 마침 김 대위는 교회를 다니는 신자였습니다.

"김 대위, 연대장이다. 주여 주여를 외치라!"

김 대위는 작은 소리로 "주여, 주여"를 외치기 시작했습니다.

"주여, 주여, 주여……."

우리가 마지막 벼랑 끝에 서면 세상 사람들은 아무 소용이 없다는 것을 잘 알고 있습니다. 오직 하나님만이 우리를 도와주시는 유일한 분이십니다. 그래서 평소에 신앙을 가지고 있다는 것이 얼마나 다행인지 모릅니다.

저는 군의관과 함께 헬리콥터를 타고 급하게 강릉군인병원으로 향했습니다. 김 대위는 계속 주여를 외쳤지만 그 소리는 이제 거의 사라져 갔습니다. 의식이 점점 없어진 것입니다.

강릉군인병원에 도착하자 미리 연락을 받은 군의관들이 우르르 연병장으로 달려왔습니다.

김 대위를 보더니 충격적인 발언을 했습니다.

"연대장님, 죄송합니다. 끝났습니다."

군의관들은 모두 전문의들입니다. 이들이 본 것은 정확합니다. 제가 봐도 김 대위는 피를 너무 흘렸습니다. 얼굴색이 이미 살아 있는 사람의 색이 아니었습니다.

그런데 저는 포기할 수 없었습니다. 뻔히 끝난 줄 알고 있어도 도무지 포기할 수가 없었습니다.

"하나님, 도와주십시오. 살려주십시오!"

제가 군의관들에게 말했습니다.

"당신들은 끝났다고 하지만 하나님이 살려주시면 다시 살 수 있소!"

저는 김 대위를 민간병원인 강릉아산병원으로 빼려고 했습니다. 그런데 마침 구름이 몰려왔습니다. 헬리콥터가 뜰 수가 없었습니다. 이 촉박한 시간에 이런 일이 생긴 것입니다. 저는 급히 구급차를 불렀습니다. 그리고 강릉에 있는 아산병원으로 달려갔습니다.

병원에 도착하자 응급실로 의사 두 분이 달려 나왔습니다. 이들은 김 대위를 보자 이렇게 말했습니다.

"연대장님, 죄송하네요……."

이미 끝났다는 것입니다. 사실 엄격히 말하자면 군인병원에서 군의관들이 말한 것이 맞았습니다. 그런데 제가 고집을 부린 것입니다. 어떻게 보면 무모한 고집입니다. 뻔히 알면서도 저는 포기가 되지 않았습니다. 하나님께 부르짖었습니다.

"하나님, 도와주십시오. 제발 살려주십시오!"

그리고는 응급실 안으로 김 대위를 밀어 넣었습니다.

"선생님들, 제발 도와주십시오. 최선을 다해 주십시오!"

저는 아내에게 전화를 걸었습니다. 그리고 상황을 간단히 설명하고는 더욱 간절한 중보기도를 부탁했습니다. 저도 무릎을 꿇고 하나님께 기도했습니다.

모든 것이 막힌 듯 적막한 시간이 흘렀습니다. 예수님이 십자가에서 죽으시고 장사된 뒤 3일을 무덤 안에서 지내셨을 때의 그 적막함 같았습니다.

그런데 기적이 일어났습니다. 새벽 3시경, 김 대위가 다시 살아난 것입니다. 의사도 놀라고 모두가 놀랐습니다.

죽은 줄로만 알았던 김 대위가 다시 살아났습니다. 생명의 주인이신 하나님이 살려 주신 것입니다.

김 대위는 왼쪽 눈이 날아갔습니다. 왼쪽 턱 주변이 날아갔습니다. 그리고 복부는 찢겨서 내장의 많은 부분이 손실되었습니다. 그리고 살아난 다음 날에는 두 손목까지 절단해야 했습니다.

두 손목을 절단해야 할 때 부모의 동의가 필요해서 멀리 이리에서 부모님을 모셔왔습니다. 농사짓는 순박한 분들이었습니다. 아들을 보고는 통곡을 했습니다. 그리고 두 손목을 절단하기 위해 동의서를 받으려 할 때 이렇게 소리치며 거부했습니다.

"저렇게 살아서 뭐 해! 차라리 죽는 게 낫지!"

저는 단호하게 그분들에게 말했습니다.

"서명하십시오. 아무리 힘들어도 살아야 하지 않겠습니까? 어디 자식이 부모님의 것입니까? 하나님이 주신 기업입니다. 생명은 하나님의 것입니다."

겨우 설득해서 서명을 받았습니다. 그리고 곧 김 대위의 두 손목이 절단되었습니다.

절망감에 휩싸였습니다. 모든 것을 잃은 것 같았습니다. 그러나 하나님의 은혜가 컸습니다. 천하보다도 귀중한 생명을 건졌을 뿐만 아니라 김 대위는 그 후 국가유공자가 되어 정부의 혜택을 받게 되었습니다.

그리고 빠져나간 눈은 의안으로 채워 넣었습니다. 색안경을 쓰니 겉으로는 표시가 나지 않았습니다. 날아간 턱은 엉덩이 살로 채워 넣었습니다. 특히 절단된 두 손목은 의수로 연결했는데, 놀랍게도 생각을 통해 움직이는 최첨단기술로 인해 자유롭게 성경도 넘기면서 읽고 돈도 한 장씩 셀 수 있었습니다. 세상이 이렇게 좋아졌습니다.

좋으신 하나님은 이 일을 통해 많은 영적 교훈을 주셨습니다. 어떠한 위기를 만나더라도 절대로 포기하지 말아야 하겠습니다. 더구나 생명과 관련되는 일이라면 더욱 그렇습니다.

사람은 포기하더라도 하나님은 포기하지 않으십니다. 하나님은 반드시 우리와 함께하시고, 우리가 어렵고 힘들 때 간절히 매달려 기도하면 반드시 응답해 주십니다.

특히 아내를 비롯한 군인가족들의 중보기도 덕분에 죽은 생명도 살릴 수 있었습니다. 중보기도는 능력이 있습니다.

아브라함은 중보기도를 통해 소돔 성의 조카 롯을 구했습니다. 모세도 중보기도를 통해 멸족시키려는 하나님의 진노에서 이스라엘 백성을 살려냈습니다. 무엇보다도 예수님은 중보기도를 통해 지옥에 갈 우리를 천국으로 인도하셨습니다.

교회를 위한 중보기도, 목사님들을 위한 중보기도, 나라를 위한 중보기도, 지도자를 위한 중보기도, 이웃을 위한 중보기도를 많이 하면 좋겠습니다.

세상 사람들이 다 포기했습니까? 아니, 나 스스로도 포기했습니까? 결코 포기하지 마십시오. 왜냐하면 하나님이 계시기 때문입니다. 하나님의 사람은 하나님만은 포기해서는 안 됩니다. 왜냐하면 결국 하나님이 이루시기 때문입니다. 간절히 구하고(Ask), 최상의 방법을 찾고(Seek), 간절하게 두드리면(Knock), 반드시 하나님은 응답해 주십니다. 이것이 믿음입니다. 포기하지 않을 때 기적은 일어납니다. 하나님의 사람은 결코 포기하지 않습니다.

하나님의 사람은 의로운 무릎을 꿇습니다

지옥에서 천국으로 보낼 수만 있다면

지옥에서 천국으로 보낼 수만 있다면

지옥에 갈 영혼을 천국으로 보낼 수만 있다면 무릎이라도 꿇어야 합니다. 아니, 무릎을 꿇어서라도 그렇게만 된다면 무조건 꿇어야 합니다.

부족하지만 저는 국내외의 여러 곳에 설교와 간증집회의 초청을 받아 갑니다. 어떤 교회이든, 어떤 장소이든 중요하지 않은 곳이 없습니다. 만 명 이상이 모이는 대형교회나 몇 명이 모이는 작은 교회나 모두 소중한 사람들이고 똑같은 영혼들입니다. 저를 불러 주시는 곳에는 사람의 숫자와 관계없이 사명으로 알고 기쁜 마음으로 달려갑니다.

강원도 골짜기에서 저를 불렀던 교회에서는 불과 12명이 참석했습니다. 저는 12명 앞에서 만 명 이상의 교회에서 집회하듯이 큰 소리로 말씀을 전했습니다. 저는 어지간한 대형교회는 다 갔습니다만 오히려 몇 명 안 되는 교회에서의 집회가 더 뜨겁고 은혜가 넘쳤던 기억이 많습니다. 그만큼 갈급한 영혼들이 모여서일 것입니다.

제가 잊을 수 없는 집회가 있습니다. 바로 육군훈련소에서의 집회입니다. 논산훈련소로 알려져 있지요.

그날은 정말 중요한 날이었습니다. 신병들이 육군훈련소에 들어와서 일정 기간 동안 훈련을 받는 가운데 자신의 종교를 선택하는 주일이 되었습니다. 그동안 기독교와 천주교, 불교, 원불교를 순회하면서 종교행사에 참석을 했는데 이제 마지막으로 결정을 해야 하는 주일이 된 것입니다.

한순간의 선택이 영원을 좌우하는 정말 중요한 시간이 온 것입니다. 저는 그 상황을 듣고 오랫동안 기도로 준비를 해왔습니다. 그리고 상황에 맞는 말씀을 준비했습니다.

드디어 주일이 되었습니다. 말 그대로 구름 떼같이 신병들이 몰려들었습니다.

얼마나 중요한 시간입니까!

이제 다음 주면 불교, 원불교, 천주교, 기독교 중에 하나를 택해야 합니다. 우리나라의 미래가 이들에게 달려 있습니다. 그리고 개인적으로 보면 한 영혼이 어디로 갈 것인가가 결정되는 것입니다.

그런데 저를 생각하니 얼마나 감사하고 놀라운지요! 저는 불교를 거쳐 천주교로, 그리고 천주교를 거쳐 기독교로 오지 않았습니까?

이게 그냥 우연입니까? 한 사람이 이렇게 다양하게 경험을 한다는 것은 결코 쉽지 않은 것이고, 또한 우연이 아닙니다. 하나님

안에서는 절대로 우연이 있을 수 없습니다. 그분의 철저한 섭리하에 그 길을 걸어온 것입니다. 합력하여 선을 이루시는 것입니다.

육군훈련소 교회에 구름 떼같이 몰려든 신병들을 대상으로 설교하다

저는 신병들에게 제가 걸어왔던 신앙의 역정을 이야기했습니다.

"불교는 좋은 종교입니다. 천주교도 좋은 종교입니다. 그런데 가장 좋은 종교는 기독교입니다. 적어도 제 경우에는 기독교를 통해서 참 평안을 얻었고, 구원의 진리를 발견했습니다."

여러 가지 저의 실제적인 경험과 예화를 들어가면서 기독교를 설명했습니다.

성령님이 함께하시니 신병들의 반응이 뜨거웠습니다. 그중에는 이미 기독교를 믿는 사람들이 있어서 "아멘!" 하고 크게 화답도

했습니다.

그때 저는 그들이 혹시 잘못된 선택을 하면 지옥에 갈 수도 있다는 생각이 머릿속에 확 들어왔습니다. 아찔했습니다.

저는 무릎을 꿇었습니다. 제 아들보다도 어린 사람들에게 무릎을 꿇었습니다. 그리고 빌다시피 말했습니다.

"여러분! 지금 선택을 잘못하시면 큰일 날 수 있습니다. 제가 무릎을 꿇었습니다. 제 모든 것을 다 걸고 말씀드립니다. 나중에 잘못된 선택이었다고 생각될 때는 저를 찾아와서 때려 주십시오. 그러니 꼭 기독교를 택하십시오. 구주 예수님께 나오십시오. 구원은 오직 예수님 한 분밖에 없습니다."

이렇게 해서 그다음 주의 기독교 선택은 하나님의 전적인 은혜로 평소보다도 약 3분의 1이 더 많았다고 전해 들었습니다. 할렐루야!

지옥으로 갈 영혼이 천국으로 갈 수만 있다면 제가 무릎을 꿇은 것이 뭐가 그리 대수가 되겠습니까? 한 번이 아니라 백 번이라도 꿇겠습니다.

저는 국내외에 많은 교회를 다니며 집회를 인도할 때 마지막 날까지 믿음에 대한 확신이 없는 성도님들을 향해 무릎을 꿇습니다. 그리고 애걸합니다.

"하나님은 살아 계십니다."

"예수님을 꼭 믿으십시오."

제 귀에 가끔 성령님의 음성이 들립니다. 그러면 저는 그대로 순종합니다.

"예, 주님, 알겠습니다. 무릎을 꿇겠습니다."

알래스카 앵커리지 교회에서 집회 중

당신은 언제 무릎을 꿇어 봤습니까? 혹시 학창 시절에 선생님에게 벌을 받을 때 무릎을 꿇었습니까? 아니면 어떤 일을 부탁하면서 어느 누구 앞에서 무릎을 꿇었습니까? 무릎을 꿇는다는 것은 수치입니다. 그 이유가 무엇이든 사실상 수치인 것입니다. 그런데 우리가 살아가면서 무릎을 꿇어야 할 때가 있습니다.

그러나 아무에게나 무릎을 꿇을 수는 없습니다. 아무런 목적으로나 무릎을 꿇을 수는 없습니다. 임진왜란 당시에 조선을 돕는다는 명목으로 명나라의 진린 제독이 파병되었습니다. 진린은 성격이 포악하고 거칠었습니다. 조정에서는 걱정이 태산이었습니다. 왜냐하면 진린은 이순신 장군과 힘을 합쳐서 싸워야 했기 때문입니다. 강직한 이순신 장군이 어떻게 진린을 맞을 것인가?

그런데 놀라운 일이 일어났습니다. 진린을 맞이하는 이순신 장군이 허리를 90도로 꺾어 극진한 예를 표시한 것입니다. 진린도 놀라고 주변의 사람들도 다 놀랐습니다. 왜 그 강직한 이순신 장군이 그렇게 했을까요? 대의를 위해서였습니다. 나라를 위해서였습니다. 더 큰 가치를 위해서 개인의 사사로움을 다 버렸던 것입니다. 이런 의로운 무릎이 풍전등화의 나라를 살렸습니다. 우리는 이런 무릎을 꿇을 수 있어야 합니다.

기도를 하기 위해서도 무릎을 꿇어야 하지만, 한 영혼을 구하기 위해서라도 기꺼이 무릎을 꿇어야 합니다. 평생을 살면서 단 한 번도 의로운 무릎을 꿇지 않았다면 생각해 볼 점이 많습니다. 하나님의 사람은 의로운 무릎을 꿇습니다.

하나님의 사람은 하나님이 책임지십니다

합력하여 선을 이루시는 하나님

합력하여 선을 이루시는 하나님

"예수에 미친 놈!"

제가 장군 진급 심사를 받는 중에 마지막 과정에서 누군가가 이 말을 했다고 합니다. 그래서인지 결국 저는 장군이 되지 못했습니다. 물론 장군이 되기에는 여러 가지 부족한 면이 많았겠지요. 모든 것이 정리된 먼 훗날 어떤 분을 통해 간접적으로 이 말을 전해 듣고 저는 그 자리에서 하나님께 무릎을 꿇었습니다.

"하나님, 감사합니다……."

이보다 더 귀한 예수님의 흔적(갈 6:17)이 어디에 있겠습니까?

> 이 후로는 누구든지 나를 괴롭게 하지 말라 내가 내 몸에 예수의 흔적을 지니고 있노라(갈 6:17)

사실 사도 바울의 고백은 저에게 많은 도전이 되었습니다. 내 몸에 예수님의 흔적을 지닌다는 것은 무엇을 의미합니까? 예수님의 십자가를 함께 지는 것입니다. 예수님을 믿는 것 때문에 손해를 보는 것입니다. 핍박을 받는 것입니다. 그런데 가만히 생각해보면 예수님을 믿는 것 때문에 손해 본 적이 있습니까? 실제로 어떤 구체적인 핍박을 받았습니까? 늘 부끄러웠습니다.

그런데 "예수에 미친 놈!"이라는 말을 들었던 것입니다.

사람은 그 무엇인가에 미치게 되어 있는데 저는 '예수'에 미친 사람이 되었습니다. 이보다 더 영광스러운 일이 어디에 있겠습니까?

벌레보다도 못한 저를 사용하셔서 지금까지 군에서 생명을 구하는 복음의 사명을 잘 감당하게 하셨습니다. 제 입술을 통해서 복음을 들은 사람의 숫자는 몇 만 명은 헤아릴 것이며, 결신한 사람의 숫자는 아마도 5천 명은 될 듯합니다. 그러니 예수에 미친 사람이라는 말을 들을 만도 했습니다.

그런데 제가 군대에 없었다면 어떻게 이 엄청난 일을 감당할 수 있었겠습니까?

저는 이런 군대를 참 사랑했습니다. 지금도 변함이 없습니다. 저는 군대를 통해서 많은 것을 배우고 얻었습니다. 군대에 있었기 때문에 손자병법과 전쟁사, 군사전략 그리고 리더십을 깊이 익힐 수 있었습니다.

배낭을 메고 역사적인 격전지를 찾아 42개의 나라를 탐사하며 나라의 흥망과 리더의 중요성을 돌아보는 시간을 가진 것은 그 후 저의 강의에서 현장의 살아 있는 느낌을 전하는 데 큰 역할을 했습니다. 이런 경험들을 바탕으로 저는 33권의 저서를 집필했습니다. 그 중에서 《도해세계전사》나 《도해손자병법》 같은 책들은 육군사관학교나 육군대학 등에서 필독서로 읽히고 있으며, 적어도 대한민국 장교들은 거의 다 제 책으로 공부를 했고, 저의 직간접적인 제자들이기도 합니다. 군인으로서는 처음으로 제22회 세종문화상을 수상하기도 하고, 영국 기네스협회에서 군인으로 가장 많은 전쟁사 책을 집필했다는 명목으로 기네스북에 오랫동안 심사대상이 되기도 했습니다.

특히 손자병법은 40여 년 동안 만 번 이상을 통독함으로써 이 분야의 전문가로서 수많은 곳에서 강의를 할 수 있었습니다. 아마 제게 손자병법을 배운 제자들이나 사람들은 헤아릴 수 없이 많을 것입니다. 이 손자병법을 통해서 다른 학문과 연관하여 여러 본질을 뚫을 수 있었습니다. 하나를 바닥까지 깊이 뚫으면 다른 것도 쉽게 뚫을 수 있습니다. 본질은 서로 통하게 되어 있습니다.

무엇보다도 손자병법 전편을 제가 육성으로 녹음해서 앱을 통해 무료로 공급했습니다. 휴대폰의 플레이스토어에서 앱으로 들어가 '노병천'을 검색하면 누구나 다운로드를 받을 수 있습니다. 한국은 물론 세계에서 제 육성 강의를 듣는 사람들이 많아졌고, 손자병법을 통해 지혜롭게 사는 방법과 위기를 극복하는 전략을 깨치고 있습니다. 조선일보에서는 이런 저를 화제의 인물로 기사화해서 널리 알리기도 했습니다.

화제의 인물로 기사화한 조선일보(2013. 5. 27)

교보문고 베스트셀러 6위에 올랐던 《만만한 손자병법》

제게 있어서 《만만한 손자병법》은 잊을 수 없는 책입니다. 작가로서 평생에 소원이 있다면 단 한 번이라도 베스트셀러에 오르는 것일 것입니다. 저의 32번째 졸저인 《만만한 손자병법》은 출간한

제10장 하나님의 사람은 하나님이 책임지십니다 153

지 두 달 만에 교보문고 자기계발 베스트셀러 6위에 올랐습니다. 모두가 어렵게만 생각하는 손자병법을 한쪽 면은 원문과 기본적인 해석, 그리고 한쪽 면은 제가 일일이 만화를 그려서 아주 쉽고 재미있게 읽도록 한 것이 많은 독자들이 찾는 계기가 되었습니다.

연말이면 약 1억 권의 책들이 더 이상 팔리지 않아서 파쇄된다고 합니다. 그만큼 출판시장이 어렵다는 반증이지요. 이러한 불황 속에서 그래도 제 책이 베스트셀러가 되었다는 것은 전적으로 하나님의 은혜입니다.

성경의 전쟁사는 또 다른 저의 전공 분야입니다. 제가 군대에 있었기 때문에 전쟁사를 연구할 수 있었고, 손자병법과 더불어 새로운 시각에서 구약성경에 나오는 130개의 전쟁을 분석할 수 있었습니다. 그래서 참으로 기이한 전쟁인 여리고 성 함락의 비밀도 병법을 적용하여 놀랍게 풀 수 있었습니다. 그리하여 이 분야에 새로운 장르를 개척했다고 하는 학계의 평가도 받았습니다.

여리고 성 함락은 신비하기만 합니다. 세계적으로 가장 많은 설교 주제 중의 하나가 바로 여리고 성 함락일 것입니다. 대체로 하나님의 말씀에 순종하면 여리고 성은 무너진다는 것으로 결론짓고 있습니다. 맞습니다. 믿음과 순종이 여리고 성을 무너뜨립니다. 그러나 저는 이러한 기본 해석 위에 성경이 사실임을 객관적으로 보여 주는 해석을 다시 가합니다.

왜 하나님은 이스라엘 백성에게 '돌아라'는 병법을 명령하셨을까요? 그것은 성을 공격할 기구와 훈련이 전혀 되어 있지 않은 이스라엘 백성이 당장에 여리고 성을 공격해야 하는 처지에 놓였을 때 이스라엘 백성이 지금까지 준비된 가장 잘하는 것을 그대로 사용하기 위해서입니다. 그것이 무엇일까요? 바로 질서정연한 대형으로 '걷는 것'입니다.

애굽 땅을 나올 때부터 이스라엘 백성은 항오를 지으며 군대대형으로 걷는 훈련을 40년이나 숙달된 세계 유일의 백성인 것이지요. 그러니 하나님의 군대대장이 여호수아에게 '돌아라' 병법을 명령한 것은 얼마나 이치에 맞는지 모릅니다. 하나님은 나중에 준비시켜서 사용하는 것이 아니라 지금까지 준비된 것 중에서 가장 잘 하는 것을 그대로 사용하신다는 것을 잘 알 수 있습니다.

그리고 첫날부터 여리고 성을 무너뜨릴 수도 있었는데 왜 7일째에 무너뜨렸을까요? 손자병법에 나오는 일이노지(佚而勞之) 즉 '적이 편안하게 있으면 피로하게 만들라'는 병법에 따른 것입니다. 만약 첫날에 성벽이 무너졌다면 힘이 남아돌아가는 여리고 성 백성에 의해 이스라엘 백성은 큰 피해를 입었을 것입니다. 7일 동안 성 주변을 돌면서 스트레스와 불면증을 유도해서 몸과 마음을 완전히 파김치로 만들어 놓았기 때문에 마지막 날 성벽이 무너졌을 때 이스라엘 백성이 올라가서 아무런 저항도 받지 않고 무혈로 성을 점령할 수 있었던 것입니다. 바로 이런 것들이 여리고 성 함락의 중요한 비밀입니다. 제가 손자병법과 군사전략과 전쟁사에 어느 정도 통달을 하니까 하나님께서 제게 성령님의 도우심을 통해 이러한 불가사의한 비밀을 풀어주셨던 것입니다.

여리고 성 함락을 비롯해서 기드온과 300용사의 전쟁, 다윗과 골리앗의 결투 등 성경에 나오는 130개의 전쟁은 제가 대전 극동방송에서 6개월간 '성경 속 전쟁 이야기'로 방송을 한 적이 있습니다. 그리고 여의도 순복음 교회를 비롯해서 한국의 여러 교회와 미국과 중국, 베트남 등 여러 나라에서 설교와 구약전쟁 세미나를 인도하고 있습니다. 이를 통해서 하나님이 살아 계시다는 것과 하나님은 우리가 생각하는 것보다 훨씬 위대하시다는 것과 성경은 100% 사실이라는 것을 증거하고 있습니다.

제가 많은 곳에서 삼일집회와 일일집회, 전도집회, 새생명집회를 인도할 때는 박정희 대통령의 전도 비화를 비롯해서, 구약전쟁의 신비한 하나님의 전략을 설교합니다. 그때마다 하나님의 은혜가 크게 임하는 것을 목도하게 됩니다. 사실 어느 누구에게서도 들을 수 없는 독특하고 차별화된 내용입니다. 하나님이 저를 그렇게 준비시켜 주셨습니다.

여러 교회에서 여리고 성 함락 비밀을 설교하고 있다.

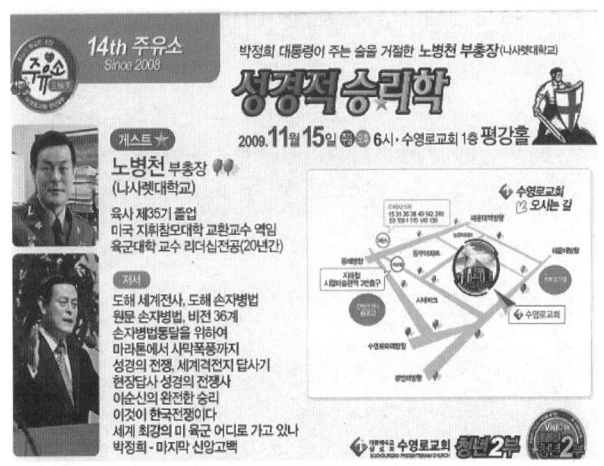

성경의 전쟁사를 주제로 한 성경적 승리학을 설교했다(수영로교회).

제10장 하나님의 사람은 하나님이 책임지십니다

헌신예배의 전단지 구약성경에 나오는 전쟁을
다룬 여러 책 중의 한 권

　　삼일집회, 일일집회, 새생명전도집회 등을 통해 하나님이 살아 계심을 증거했습니다. 하나님은 모든 것을 합력하여 선을 이루시는 분이십니다.

국내외 여러 교회에서 집회를 인도하고 있다.

> 우리가 알거니와 하나님을 사랑하는 자 곧 그의 뜻대로 부르심을 입은 자들에게는 모든 것이 합력하여 선을 이루느니라(롬 8:28).

하나님 안에서는 어느 하나도 버릴 것이 없습니다. 저는 저의 모든 군대 생활에 감사하며 저를 통해 역사하신 하나님을 찬양합니다.

사람마다 역할이 있습니다. 모세는 가나안 땅을 바라보면서도 결국 가나안 땅에 들어가지 못했습니다. 모세의 역할은 거기까지였습니다. 그 다음부터는 여호수아가 해야 하는 일입니다. 저도 군대에서는 거기까지였습니다. 나머지 일은 군대에 남아 있는 사람들의 몫입니다. 모세가 하나님을 향해 일체 불평을 하지 않았듯이 저도 마찬가지였습니다. 군대에서 제가 할 일은 그로써 끝이었습니다. 감사하는 마음으로 홀가분하게 명예 전역을 했습니다.

하나님은 한쪽 문을 닫으실 때는 또 다른 문을 준비하고 계십니다. 그렇습니다. 좋으신 하나님은 제가 가야 할 길을 이미 열어 두고 계셨습니다. 어떻게 보면 좁은 군대를 떠나 더 넓은 세상을 향해서 훨훨 날게 하신 것입니다.

근 30년 동안 하루에 잠을 4시간 정도만 자게 하시면서 억척스럽게 준비시키신 것을 이제 세상을 향해 마음껏 활동하게 인도하셨습니다.

직업군인 출신으로 파격에 가까운 나사렛대학교 부총장의 직함을 허락하시어 많은 경험을 쌓도록 하셨습니다. 그리고 교수로서 학생들을 가르치며 사회의 젊은이를 이해하게 하셨습니다.

나아가 미국을 비롯한 여러 나라를 순회하면서 많은 정치인과 경영인을 대상으로 손자병법을 강의하게 하셨습니다. 무엇보다도 한국뿐만 아니라 미국, 중국, 베트남, 영국, 캐나다 등 여러 나라를 다니며 하나님의 말씀을 전하게 하셨습니다.

KBS, MBC, SBS, EBS를 비롯한 모든 지상파 방송과 여러 방송에 출연하게 하셨으며, 삼성그룹을 비롯하여 현대, LG 등 수많은 기업, 청와대를 비롯한 정부기관, 지방자치단체 등에서 손자병법과 이순신 리더십을 지속적으로 강의하게 하셨습니다.

KBS 아침마당 목요특강에서
'손자병법에서 배우는 인생처세술'을 강의했다.

돌아보면 2008년에 육군 대령으로 명예전역을 한 뒤에 거의 여유가 없이 엄청난 사회활동을 하고 있습니다. 심한 기침으로 거의

5일 동안 단 10분도 자지 못할 때가 있었고, 밤마다 링거를 꽂으면서 수많은 일정을 소화해야 할 때도 있었습니다. 특히 2013년은 그런 특별한 해였습니다. 사회의 강의든, 교회의 집회든 정말 열심히 감당하였습니다. 하나님은 제가 녹슬지 않고 닳아 없어지기를 바라시는 것 같았습니다. 사람이 마음으로 자기의 길을 계획할지라도 그 길을 인도하시는 분은 하나님이십니다. 이것은 진리입니다.

> 사람이 마음으로 자기의 길을 계획할지라도 그의 걸음을 인도하시는 이는 여호와시니라(잠 16:9).

우리가 세상을 살아가면서 우리 뜻대로 안 될 때가 참 많습니다. 내 꿈이 있지만 그 꿈대로 되지 않는 것이 세상의 이치입니다. 행복한 삶을 원하지 않는 사람이 어디 있겠습니까? 모두가 성공하고 싶습니다. 진급도 하고 싶고, 돈도 많이 벌고 싶습니다. 그렇지만 세상은 그렇게 녹록하지 않습니다. 도무지 생각지도 못했던 어려움을 당하며, 저 밑바닥까지 내동댕이쳐질 때가 있습니다.

아무런 희망이 보이지 않을 때가 있습니다. 하는 일마다 안 되고 뒤집어지는 경우도 있습니다. 내 주변의 친구들도 다 떠날 때가 있습니다. 아무도 나를 돌아보지 않을 때가 있습니다. 그럴 때마다 참으로 좌절하고 절망하게 됩니다. 그저 죽고 싶은 마음이 들 때도 있을지 모릅니다. 하나님이 과연 계시는가 할 때도 있습니다. 하나님이 계신다면 왜 이렇게까지 하실까 하는 생각이 들 때도 있을 것입니다. '왜 하필이면 나인가?' 하며 회의를 품고 절망 가운데 빠질 때도 있을지 모릅니다. 도무지 상식적으로도 해석이 안 되는 일을 당할 때가 있습니다.

하나님을 믿지 않는 사람들이 오히려 잘 되고 돈 잘 벌고 출세하는 것을 볼 때도 많습니다. 그렇게 눈에 보일 정도로 나쁜 짓을 함에도 그에게 아무 일도 일어나지 않는 것을 볼 때도 있습니다. 오히려 장수하고 더구나 자손까지도 잘 되는 것을 볼 때도 있습니다. 속이 터지는 일이지요. 과연 하나님은 계시는가?

그러나 분명히 말씀드리고 싶습니다. 하나님은 계십니다. 살아 계신 하나님은 나를 향한 목적이 있습니다. 하나님의 사람은 하나님의 것입니다. 평탄하게 사는 것처럼 보이는 저도 남모르는 피눈물을 많이도 흘려봤습니다. 세상에서 가장 사랑하는 아내가 자궁내막암에 걸려서 사경을 헤맬 때 "하나님, 하나님이 진짜로 살아 계시면 도와주십시오!" 하고 절규를 할 때가 있었습니다.

남들은 상상도 할 수 없는 여러 어려운 일을 당하면서 저도 가끔씩은 절망도 했습니다. 그리고 벽에 부딪쳐 도무지 갈 길을 몰라 막막할 때가 있었습니다. 어떤 때는 마치 믿음이 전혀 없는 사람처럼 생각될 때도 있었습니다. 그러나 분명한 것이 있습니다. 하나님은 살아 계시다는 것입니다. 제가 부인을 하든 말든 그것은 사실입니다. 그래서 돌아보면 저에게 닥친 모든 환난이나 고난은 그 하나님을 향한 절대적인 신뢰와 믿음을 더하기 위한 하나님의 오묘하신 계획하에 있었다는 것을 알게 됩니다. 신실하신 하나님이십니다. 우리는 사나 죽으나 주님의 것입니다. 확실한 것이 있습니다. 그러니 소망을 가지시기 바랍니다. 하나님의 사람은 하나님이 책임지십니다.

제12장

하나님의 사람은 "꿈의 법칙 A S K"를 외칩니다

• • • • •

세상을 위대하게 바꾸는 예수님의 법칙

세상을 위대하게 바꾸는 예수님의 법칙

저는 여러 강의와 집회를 하면서 그야말로 눈코 뜰 새 없는 시간을 보내고 있습니다. 그런데 그 와중에도 저는 잠시도 잊지 않고 있는 것이 있습니다.

"하나님이 나를 통해서 또 무엇인가를 하기를 원하시는 것일까?"

하나님이 한 사람을 사용하실 때에는 반드시 그 목적이 있습니다. 물론 저는 세상적인 강의를 하면서도 그 기회를 지혜롭게 이용해서 복음을 전하고 있습니다. 늘 그러했듯이 그게 저의 목적이니까요.

전문 지식으로 잘 준비된 강의에 흠뻑 빠지도록 한 후에 그 사이에 슬쩍 복음을 집어넣으면 별로 거부감을 느끼지 않고 받아들이지요. 이것이 강의에 복음을 섞는 고도의 전략입니다.

그렇지만 저를 이렇게 열심히 활동하게 하실 때에는 분명히 저를 향한 또 다른 목적이 있다는 것을 알고 있습니다.

과연 그러했습니다.

제가 국내외의 여러 곳에서 강의를 하면서 많은 사람들을 만나는 과정에서 정말 중요한 것을 발견하기 원하셨던 것입니다. 어쩌면 저의 남은 생애를 걸 정도로 크고 위대한 일이란 생각이 듭니다.

그것이 바로 '꿈의 법칙'을 발견하도록 하신 것입니다.

세상의 많은 사람들, 특히 나라와 인류의 미래를 책임져야 할 젊은이들이 꿈에 대한 잘못된 환상을 가지고 있다는 것을 깨닫게 하신 것입니다.

"아, 이 일을 위해서 지금껏 세상을 두루 돌아보게 하셨구나!"

성공에 지쳐 있는 사람들.

꿈을 좇다가 좌절하는 사람들.

성공지상주의에 빠져 있는 사람들.

아니, 더 심각한 것은 아예 꿈조차 없는 사람들.

이들의 틈에 슬며시 파고 들어온 것이 있었습니다. 바로 《시크릿(the Secret)》이라는 책입니다.

이 책은 전 세계 3억 인구가 읽었다고 하는 꿈에 관한 책입니다. 우리나라의 젊은이들이 거의 가지고 있다고 하는 책입니다.

그런데 이 책이 어떤 책입니까?

《시크릿(the Secret)》이 말하는 것은, 내가 어떤 생각을 하면 '끌어당김의 법칙'에 의해 내 생각을 이루어준다고 하는 것입니다.

왜 이 책이 문제인가 하면 그 끌어당김의 주체가 바로 '우주'라고 말하는 것입니다. 그렇습니다! 전형적인 뉴에이지(New Age)입니다.

우주가 모든 것을 이루어준다고 하는 책《시크릿(the Secret)》이
얼마나 심각한지에 대해 강의하고 있다

우주를 누가 만들었습니까? 하나님이 만드셨습니다. 그런데 이 책은 우주를 만드신 하나님을 제외하고 있습니다. 하나님이 아닌 '우주'가 주인인 책인 것입니다.

《시크릿(the Secret)》을 보면 아주 그럴듯한 이론으로 무장되어 있습니다. 특히 그 이론에 따라 성공했다고 하는 수많은 부자들의 사례가 가득 담겨 있습니다. 그렇기 때문에 성공을 원하는 사람들이 이 책을 찾을 수밖에 없는 것입니다. 그대로 따라만 하면 성공할 것처럼 보이니까요.

그래서 세계가 열광을 한 것입니다. 우리의 젊은이들이 이 책을 마치 바이블처럼 신봉하고 있습니다.

하나님은 저에게 이것을 보게 하셨습니다.

저는 오랫동안 생각의 고통 속에 몸부림을 쳤습니다.

"하나님, 이 무서운 마귀의 궤계를 깨뜨릴 무기를 주십시오. 깨야 하는 데 어떻게 깨야 할지 도무지 방법이 생각나지 않습니다."

저를 지금까지 손자병법과 전략과 전쟁사와 성경의 전쟁사를 익히게 하신 하나님의 목적이 분명히 있을 것입니다. 《시크릿(the Secret)》의 흉계를 깨뜨리고, 올바른 꿈을 정립하며, 무엇보다도 하나님이 기뻐하시는 성공을 하게 만드는 그런 법칙이 요구되었습니다.

저는 간절히 구하고 또 구했습니다. 간절히 찾고 또 찾았습니다. 그러던 어느 날 새벽이었습니다. 항상 그러했듯이 새벽기도 후 영어성경을 보던 중이었습니다. 드디어 해결의 단서를 찾았습니다.

"할렐루야, 하나님! 여기에 숨겨두셨군요!"

마태복음 7장 7절의 말씀이었습니다.

> 구하라 그리하면 너희에게 주실 것이요 찾으라 그리하면 찾아낼 것이요 문을 두드리라 그리하면 너희에게 열릴 것이니(마 7:7)

여기서 구하라(Ask), 찾으라(Seek), 두드리라(Knock)의 영어 이니셜을 하나씩 따서 조합하면 바로 ASK(애스크)가 되는 것입니다.

"꿈의 법칙 ASK"가 이렇게 해서 탄생되었습니다.

그러니까 ASK는 단지 묻거나 요청하는 차원을 넘어서서 구하고,

찾고, 두드린다는 포괄적인 뜻입니다.

이 말씀은 예수님께서 하신 말씀인데 무엇이든지 하나님께 구하고, 찾고, 두드리면 반드시 이루어진다는 것을 말씀하고 있습니다.

그런데 저는 여기에 보다 정교한 이론적 장치를 고안했습니다. 완벽한 꿈의 법칙을 만든 것이지요. 여기서는 간단하게만 소개하겠습니다. 자세한 내용을 보시려면 제 졸저인《꿈의 법칙 ASK》를 참고해주십시오.

졸저《꿈의 법칙 ASK》의 표지

'구하라'(Ask)는 우선 꿈을 구하는 것입니다. 꿈이 있어야 합니다. 하나님 안에서 건전한 꿈을 구하십시오. 그리고 꿈을 구했으면 구체적인 성과 목표를 확정하셔야 합니다. 그리고 그 성과 목표는 이미 이루어진 것으로 믿는 것입니다. 그래서 현재완료형으로 끝을 맺습니다.

예를 하나 들어 볼까요?

꿈 : "나는 작가가 되고 싶다."

구체적인 성과 목표 : "나는 2020년 12월까지 사람들에게 감동을 주는 베스트셀러 책 한 권을 낸 작가가 된 상태이다."

여기서 성과 목표가 진짜 꿈입니다. 이 꿈을 책상 위에도 적어놓고, 노트 위에도 적어놓고, 화장실 위에도 적어놓고, 항상 보며 마치 다 이룬 것처럼 상상하며 마음으로 새기고, 그리고 입으로 외치고 또 외치는 것입니다.

'찾으라'(Seek)는 꿈을 이룰 수 있는 최상의 방법을 찾는 것입니다. 이 과정은 매우 중요합니다. 사람들은 통상 꿈만을 중요시 여깁니다. 그러나 아무리 꿈이 있어도 그것을 이룰 방법이 적절하지 못하면 결코 꿈을 이룰 수 없습니다. 최상의 방법을 찾는 것은 일종의 전략과도 같습니다. 이 과정에서는 특히 성령님의 지혜가 절대적으로 필요합니다. 최상의 방법은 성령님이 가르쳐 주십니다.

'두드리라'(Knock)는 최상의 방법을 찾았으면 그때부터는 주저하지 말고 힘차게 문을 두드리는 것입니다. 일반적으로 실패하는 이유는 바로 여기서입니다. 머릿속으로 생각만 하고 실행하지 않는 것입니다. 실패자는 문 앞에서 실패합니다. 그러니 방법이 나왔으면 바로 문을 두드려야 합니다. 용기가 필요하고 담대함이 필요합니다.

언제까지 두드립니까? 문이 열리면 내가 원하는 꿈이 이루어질 때까지 두드립니다. 그러니까 끝장을 보는 것입니다. 중간에 아무런 성과가 보이지 않는다고 포기하지 않는 것입니다. 포기하지 않고 끝까지 두드리면 반드시 이루어집니다. 왜냐하면 올바른 꿈, 좋은 뜻은 반드시 하나님이 그렇게 이루어주시기 때문입니다.

구하여도 받지 못함은 정욕으로 쓰려고 잘못 구하기 때문이라(약 4:3).

그러니까 잘못된 목적을 가진 꿈은 이루어지지 않겠지만 많은 사람들에게 유익을 주고, 하나님을 기쁘게 하는 꿈은 반드시 하나님이 이루어 주시는 것입니다.

그러니 두드리고 또 두드려야 합니다.

그리고 중요한 것이 있습니다. 꿈을 이루어나갈 때 나 혼자 그 꿈을 이루려고 하면 늦습니다. 주변의 사람들과 함께 이루려고 할 때 보다 빨라집니다. 그래서 반드시 나의 도움을 필요로 하는 그 누군가의 손을 잡고 함께 꿈을 이루어나가야 합니다. 함께 꿈을 이루고, 함께 성공하는 것입니다.

이것이 《꿈의 법칙 ASK》의 핵심 내용입니다.

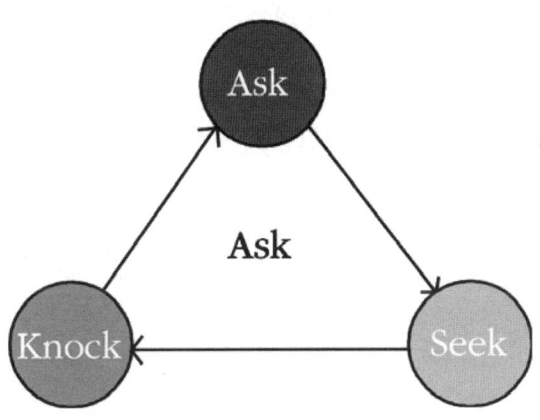

"꿈의 법칙 ASK"는 완벽한 삼위일체 구조를 가지고 있다.

"꿈의 법칙 ASK"는 완벽한 삼위일체의 구조를 가지고 있습니다. 구하고, 찾고, 두드리는 것 중에 그 어느 하나라도 소홀히 할 수 없는 것들입니다. 이 삼위일체 구조가 대체로 어느 한쪽만 강조하고 있는 세상의 여러 꿈 이론과 차별화되는 점이라 하겠습니다.

꿈의 법칙을 조금 더 설명하겠습니다. 꿈의 법칙은 세상의 법칙과 반대되는 법칙을 의미합니다. 세상의 법칙은 인과법칙(因果法則)입니다. 원인이 먼저 있고 결과가 뒤따르는 것입니다. 그런데 꿈의 법칙은 반대입니다. 결과가 먼저 있고 원인이 그 결과에 맞춰 만들어지는 것입니다. 그 순서가 완전히 반대입니다.

꿈이 이미 이루어진 결과를 고정시키는 것입니다.

그러므로 내가 너희에게 말하노니 무엇이든지 기도하고 구하는 것은 받은 줄로 믿으라 그리하면 너희에게 그대로 되리라 (막 11:24).

기도하고 구하는 것은 이미 받은 줄로 믿는 마가복음 11장 24절에 근거한 강력한 믿음의 법칙이 꿈의 법칙입니다.

참 흥미로운 사실이 있습니다. 꿈의 법칙은 이미 손자병법에 예시되어 있다는 것입니다. 제4군형편에 나오는 '승병선승이후구전'(勝兵先勝而後求戰)이 그것인데, '이기는 군대는 먼저 이긴 후에 싸움을 구한다'는 뜻입니다.

승리를 먼저 확정한 후에 싸움을 뒤에 구한다는 의미이니 바로 꿈의 법칙이 그런 것이 아니겠습니까?

그 반대의 개념으로 '패병선전이후구승'(敗兵先戰而後求勝)이 있는데, '패하는 군대는 먼저 싸움부터 하고 그리고 그 후에 승리를 구한다'는 뜻이니 전형적인 인과법칙 즉 세상의 법칙이 아니겠습니까?

제가 오랫동안 손자병법을 연구하다 보니 저도 모르게 여기까지 닿은 듯합니다.

어쨌든 하나님을 믿는 사람은 세상의 법칙을 따라가지 않습니다. 꿈의 법칙을 따라 사는 것입니다.

저는 "꿈의 법칙 ASK"를 세상에 널리 전파하고자 여러 일을 시작했습니다. 책으로 냈고, 많은 곳에서 강의를 진행했습니다. 그리고

ASK국제연맹을 발족해서 미국과 호주, 캐나다, 중국, 영국 등 여러 나라에 지부를 결성했으며 그 범위를 넓혀나가고 있습니다. 이제 시간이 조금 흐르니까 많은 곳에서 "꿈의 법칙 ASK"를 성공적으로 적용하여 꿈을 이룬 사례들을 제게 보내오고 있습니다. 언젠가 이들의 성공사례를 별도로 발표하려고 합니다.

감사한 것은 지난 2013년 CBMC한국대회에서 제 ASK 강의를 들었던 분이 중국 단동에서 ASK 이름을 건 커피 가게를 열었다고 했습니다. ASK의 첫 사업 열매인 셈이지요.

마태복음 7장 7절 하우스. 실내에 ASK가 적혀 있다.

"꿈의 법칙 ASK"는 ASK 운동을 통해 확산되고 있습니다. 방법은 아주 간단하고 실질적입니다. 누구나 좋아하는 귤에 유성매직으로 ASK를 적습니다. 이것을 ASK 귤이라고 부릅니다. 이 ASK 귤을 이웃과 나누는 것입니다. ASK 귤을 받은 분은 궁금해서 물을 것입니다.

"ASK? 무슨 뜻입니까?"

그럴 때 꿈의 법칙을 간단하게 설명해드리는 것입니다. 예를 들어 이렇습니다.

"예, ASK는 구하라(Ask), 찾으라(Seek), 두드리라(Knock)의 영어 이니셜을 딴 조어입니다. 꿈을 가지고 그것을 이룰 최상의 방법을 찾으며, 두드리고, 또 두드리면 반드시 꿈이 이루어지는 기적의 법칙입니다. 그리고 나 혼자 성공하는 것이 아니라 누군가를 도우면서 함께 성공하는 꿈의 운동입니다. 당신도 동참하시지 않겠습니까?"

귤에 ASK를 써서 나누어주는 ASK 운동

누구나 좋아하는 귤입니다. 정말 쉽게 구할 수 있는 귤입니다. 건강을 도와주는 귤입니다. 귤을 싫어하는 사람이 없지요. 어떻게

ASK 귤을 나누며 ASK를 외치고 있다.

보면 참으로 보잘것없는 못생긴 귤입니다.

그러나 그 한 알의 귤이 어쩌면 한 사람의 인생을 송두리째 바꾸어 놓을 수 있는 것입니다.

ASK 귤 나눠주기는 다단계 형태로 진행되면 좋습니다. 이른바 꿈의 다단계입니다.

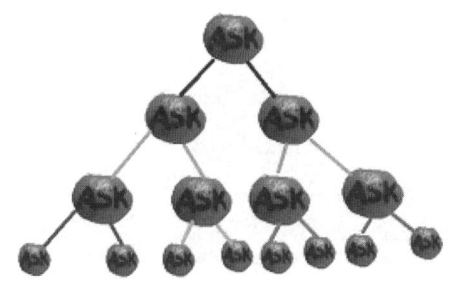

ASK 귤이 다단계 형태로 확산되는 모습

내가 한 개의 귤을 받았으면 두 개의 귤을 준비해서 두 사람에게 나누어 주는 것입니다. 그러면 그 귤을 받은 사람도 두 개의 귤을 준비해서 또 다른 두 사람에게 나누어 주는 것입니다. 이렇게 다단계와 같은 형태로 확산되는 것입니다. 선한 다단계, 꿈의 다단계입니다.

저는 많은 곳에서 강연을 하면서 ASK 운동의 동역자를 얻고 있습니다. "꿈의 법칙 ASK"를 완성한 직후인 2013년 1월 6일 첫 번째 강의 대상이었던 총각네 야채가게 청년들이 모두 함께하기로 결의했습니다. 그날의 뜨거운 함성을 잊을 수가 없습니다. 특히 이들 중의 한 명은 매일 일을 하면서 ASK를 적용한 사례를 하루도 빠짐없이 제게 문자로 보내오는 열정을 보이기도 합니다.

2013년 1월 6일, 총각네 야채가게에서 ASK 강연 후 ASK를 외치다.

여러 대학교와 단체에서 ASK 운동을 시작하다.

2013년 12월 20일 삼성생명 전국의 센터장들이 제 강의를 듣고 모두가 이 좋은 운동인 "꿈의 법칙 ASK"운동을 함께 하기로 했습니다. 12월 21일에 있었던 호남과 광주의 사장단 강의에서도 모두 이 운동에 동참하기로 했습니다. 2014년 1월에 있었던 중국 CBMC 대회에서 제 강의를 들었던 중국의 우리 기업가들이 이 운동에 함께하기로 했습니다. 그 외에 많은 단체에서 이 운동은 확산되고 있으니 참으로 감사할 따름입니다.

"꿈의 법칙 ASK"는 전도에 그대로 적용됩니다. 저는 전주바울교회, 군산성광교회 등 많은 교회에서 ASK를 전도에 적용하는 요령을 설교하고 있습니다.

전도를 해야겠다는 꿈과 대상을 구하고(Ask), 그 대상에 가장 적합한 방법을 찾고(Seek), 그리고 두드리는 것입니다(knock).

예를 들어볼까요?

구하라(Ask) :

나도 전도를 해야겠다.

2014년 6월까지 2명을 전도한 상태이다.

찾으라(Seek) :

전도대상자에게 적합한 방법을 찾는다.

두드리라(Knock) :

방법이 나왔으면 머뭇거리지 않고 가서 문을 두드린다.

그리고 전도가 될 때까지 계속 두드린다.

이렇게 하면 누구나 반드시 전도할 수 있습니다. 아니 전도가 되지 않을 수 없습니다. 전도가 될 때까지 끝까지 하게 되니까요. "꿈의 법칙 ASK"는 전도가 어려운 요즘에 참으로 간단하며 훌륭한 전도 방법이 아닐 수 없습니다.

ASK 운동에 동참하는 사람을 일컬어 ASKer라고 부릅니다. 저는 개인적으로 10만 ASKer를 기도하고 있습니다. 적어도 10만 명만 함께할 수 있다면 대한민국은 물론 세계를 움직이게 할 수 있다고 생각합니다.

허황된 꿈에서 벗어나서 건강한 꿈을 꾸며, 이론이 아닌 실제로 성취될 수 있는 완벽한 법칙인 "꿈의 법칙 ASK"가 세상을 위대하게 바꾸는 그 날을 위해 저는 오늘도 달리고 있습니다.

"꿈의 법칙 ASK"는 예수님이 직접 가르쳐 주신 완벽한 꿈의 법칙입니다. 모두가 ASKer가 되면 참 좋겠습니다.

제가 기도하면서 ASK 송을 만들어봤습니다. 누군가가 멋지게 곡을 붙여주셨으면 합니다. 늘 이 노래를 부르며 모두가 행복한 세상, 아름다운 세상, 위대한 세상이 이루어지는 날을 소망합니다.

ASK 송

구하세요. Ask.
나의 가장 소중하고 간절한 꿈을 구하세요.
내가 받지 못함은 구하지 않기 때문이에요.

찾으세요. Seek.
내 꿈을 이룰 가장 좋은 방법을 찾으세요.
방법이 나쁘면 그저 허공을 치는 것이에요.

두드리세요. Knock.
문 앞에서 머뭇거리지 말고 그냥 두드리세요.

나의 위대한 꿈은 이미 이루어졌으니까요.

꿈을 가지십시오. 올바른 꿈을 가지십시오. 사람에게 유익을 주는 꿈을 가지십시오. 무엇보다도 하나님을 기쁘게 하는 꿈을 가지십시오. 그리고 그 꿈은 반드시 이루어진다는 확실한 믿음을 가지십시오! 믿는 자에게 능치 못할 일이 없습니다(막 9:23). 전능하신 하나님께 구하십시오. 찾으십시오. 두드리십시오. 이 모든 뜻이 담긴 ASK를 외치십시오. ASK는 하나님께 도움을 요청하는 암호입니다. 그러니 수시로 ASK를 외치십시오. ASK, ASK, ASK!

ASK를 외치면 기적이 일어납니다. 하나님이 그렇게 해주십니다. 어려움을 만났을 때도 ASK를 외치십시오. 꿈을 이루기 위해서도 수시로 ASK를 외치십시오. 잠자기 전에도 ASK를 몇 번이고 외치며 주무십시오. 꿈속에서도 하나님은 역사하십니다. ASK는 기적을 일으키는 법칙입니다. 예수님이 친히 가르쳐주신 꿈의 법칙입니다. 우리 모두는 ASKer가 됩시다. 주변을 둘러봅시다. ASK 꿀을 이웃에게 나누어 줍시다. 나 혼자 성공하려 하지 말고 옆 사람의 손을 잡고 함께 꿈을 이루어 나갑시다. 성공은 함께할 때 빨라집니다. 하나님을 믿는 사람은 주변에 꿈을 주는 사람입니다. 소망을 주는 사람입니다. 빛과 소금의 역할을 하는 사람입니다. ASK를 외칩시다. ASK가 우리 대한민국뿐만 아니라 전 세계에서 힘차게 외쳐지는 날을 소망합시다. 구하라, 찾으라, 두드리라! ASK! 하나님의 사람은 《꿈의 법칙 ASK》를 외칩니다.

구원과 천국보다도 더 중요한 것

디모데전서에 보면 하나님의 사람이 마땅히 해야 할 바를 가르쳐 주고 있습니다.

"오직 너 하나님의 사람아 이것들을 피하고 의와 경건과 믿음과 사랑과 인내와 온유를 따르며 믿음의 선한 싸움을 싸우라 영생을 취하라 이를 위하여 네가 부르심을 받았고 많은 증인 앞에서 선한 증언을 하였도다"(딤전 6:11-12).

하나님의 사람은 '믿음의 선한 싸움'을 싸우라고 말씀하고 있습니다. 싸움을 생각해 보십시오. 잠시 한눈을 팔면 어느 순간 한 대 얻어맞는 것입니다. 싸움할 때 교만하거나 방심하게 되면 눈 깜짝할 사이에 끝날 수 있습니다. 대적하는 마귀는 바로 이런 교만과 방심을 노립니다. 그러니 싸움을 하는 동안 항상 깨어서 기도하고 말씀으로 무장해야 합니다. 성령님의 도우심을 받아야 합니다.

그리고 하나님의 사람은 '영생'을 취해야 합니다. 영생을 취하지 못하면 모든 것이 헛것입니다. 영생은 구주 예수님을 통해서만 가능합니다. 다른 이로써는 영생을 얻을 수 없습니다.

"다른 이로써는 구원을 받을 수 없나니 천하 사람 중에 구원을 받을 만한 다른 이름을 우리에게 주신 일이 없음이라 하였더라"(행 4:12).

하나님의 사람은 '선한 증언'을 해야 합니다. 무엇을 증언합니까? 하나님이 계시다는 것을 증언하는 것입니다. 우리를 위해 대속제물이 되신 구주 예수님을 증언하는 것입니다. 이것이 바로 선한 증언입니다. 전도라는 것은 본질적으로 이러한 선한 증언을 하는 것입니다. 그저 교회의 머릿수를 채우기 위한 것이 아니라 하나님과 예수님을 알리는 것이 전도입니다. 복음입니다.

그리고 그 하나님께 구하고, 찾고, 두드리면 반드시 응답 받는다고 하는 사실을 증언해야 합니다. "꿈의 법칙 ASK"는 바로 이것을 말합니다.

이 책을 통해서 우리는 이 두 가지를 분명하게 보았다고 생각합니다. 하나님이 살아 계시다는 것과 그분에게 구하면 반드시 응답해 주신다는 것입니다.

하나님의 사람으로서 믿음의 선한 싸움을 하고, 영생을 취하며, 선한 증언을 하는 동안 절대로 잊지 말아야 하는 것이 있습니다.

그 어떤 활동을 하더라도 그것을 통해서 오직 '하나님의 영광'만이 드러나야 한다는 것입니다.

우리가 마땅히 죄에서 구원을 받아야 합니다. 그리고 그 결과로 천국도 가야 합니다. 그러나 구원과 천국이 '하나님'을 대신할 수 없고, '하나님의 영광'과 바꿀 수는 없습니다.

하나님을 모르는 사람들에게 전도를 할 때는 이 말을 이해시킬 수 없습니다. 그들에게는 구원과 천국에 대한 이야기를 할 수밖에 없습니다. 그러나 성숙된 신앙인은 반드시 구원과 천국을 뛰어넘은 '하나님' 그분에게 집중해야 하고, 어떤 활동을 하든지 '하나님의 영광'을 드러내는 데 초점을 맞춰야 할 것입니다.

사람이 창조된 목적이 무엇인가요? 하나님의 백성은 하나님을 찬송하기 위한 목적으로 지음을 받았습니다.

"이 백성은 내가 나를 위하여 지었나니 나를 찬송하게 하려 함이니라"(사 43:21).

하나님을 찬송한다는 것은 하나님을 높이는 행위요, 하나님을 영화롭게 하는 행위입니다. 모세가 가나안 땅을 바라보며 하나님 앞에 엎드려 간구한 것도 바로 '하나님의 영광'입니다.

"모세가 이르되 원하건대 주의 영광을 내게 보이소서"(출 33:18).

이것을 깊이 깨달아 모든 행동에서 '하나님의 영광'에 초점을 맞출 수 있다면 교회도 개인의 믿음 생활도 건강해질 수 있습니다. 태양을 보는 자는 촛불의 흔들림에 연연하지 않습니다.

오늘날 교회가 교회답지 못한 이유, 목회자가 목회자답지 못한 이유, 성도가 성도답지 못한 이유가 있다면 '하나님의 영광'이 아니라 '자신'의 영광을 위하기 때문일 것입니다.

저는 여러 강의와 많은 집회를 감당하면서 수시로 저 자신에게 물어봅니다.

"과연 하나님이 영광을 받으시는 것인가?"

"하나님이 아니라 혹시 내가 영광을 받는 것이 아닌가?"

많은 경우에 저도 모르게 '하나님의 영광'이 아니라 저의 영광을 드러낼 때가 있는 것을 발견하고는 순식간에 엎드려 회개하게 됩니다. 하나님의 영광을 가로채면 헤롯처럼 벌레에 물려 죽을 수도 있습니다.

"헤롯이 영광을 하나님께 돌리지 아니하므로 주의 사자가 곧 치니 벌레에게 먹혀 죽으니라"(행 12:23).

하나님의 사람은 오직 '하나님의 영광'에 삶의 목표를 두는 사람입니다. 우리가 아무리 전도를 많이 하고, 아무리 하나님의 일을 많이 한다고 해도 우리는 단지 '무익한 종'일 뿐입니다. 예수님의 보혈로 구원받은 우리가 그 크신 은혜에 힘입어 마땅히 해야 할 일을 했을 뿐입니다.

"이와 같이 너희도 명령 받은 것을 다 행한 후에 이르기를 우리는 무익한 종이라 우리가 하여야 할 일을 한 것뿐이라 할지니라"(눅 17:10).

이 책에 나온 12개의 이야기는 이렇게 정리할 수 있습니다.
우리가 고난을 당합니다.
그러면 엎드려 하나님께 기도를 합니다.
기도를 하면 저절로 감사가 나옵니다.
감사가 나오면 놀라운 기적이 일어납니다.
기적이 일어나면 그로 인해서 하나님께 영광을 돌립니다.
즉 고난은 기도를 낳고, 기도는 감사를 낳고, 감사는 기적을 낳고, 기적은 하나님의 영광을 낳습니다.
고난, 기도, 감사, 기적 그리고 하나님의 영광입니다.
결국은 '하나님의 영광'입니다.
하나님의 사람은 하나님의 영광을 위해 사는 사람입니다.

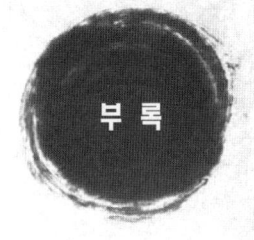

박정희 전 대통령 전도 비화

이 기록은 역사에 남을 중요한 기록이기 때문에 조금도 가감하지 않고 있는 그대로 기술했음을 하나님 앞에 고백합니다. 하나님은 무익한 종인 저를 도구로 삼으셨고, 저는 하나님의 도구가 되어 박정희 대통령에게 복음을 전할 수 있었습니다. 권력이 있거나 돈이 많은 사람이 얼마나 하나님께로 가기 어려운지를 잘 보여주고 있습니다. 사람으로서는 할 수 없습니다. 하나님의 전적인 간섭하심과 은혜로만이 가능한 것입니다.

박정희 전 대통령 전도 비화

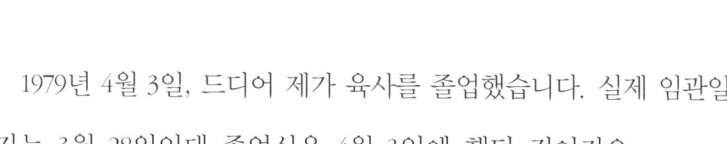

1979년 4월 3일, 드디어 제가 육사를 졸업했습니다. 실제 임관일자는 3월 28일인데 졸업식은 4월 3일에 했던 것이지요.

화랑 연병장에서 많은 하객이 참석한 가운데 육사 35기 졸업식이 거행되었습니다. 박정희 대통령이 참석했습니다.

졸업 생도와 일일이 악수를 할 때 제 차례가 되어 박정희 대통령 앞에 섰습니다. 아무도 모를 깊은 웃음을 띠고 제게 말했습니다.

"수고했네!"

"감사합니다."

바로 옆에는 육영수 여사를 대신하여 박근혜 양이 서 있었습니다. 악수하며 눈이 마주쳤습니다. 말은 없었지만 마음으로 말을 했습니다. 그리고 큰 미소로 눈짓을 했습니다.

1979년 4월 3일, 육군사관생도 제35기 졸업식에 참석한 박정희 대통령, 그리고 근혜 양(현 대통령). (사진: 조선일보)

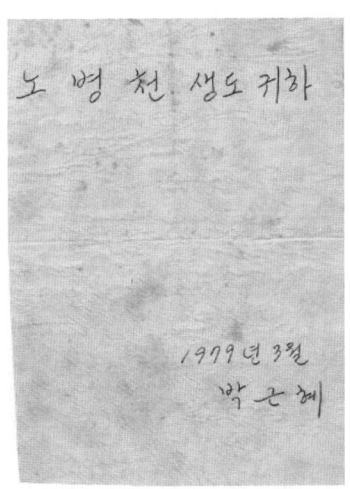

근혜 양(현 대통령)이 졸업선물로 준 내용물 중에서

저는 육사를 졸업하고 멀리 강진에서 소대장을 했습니다. 비록 청와대와는 멀리 떨어져 있었지만 청와대를 향한 기도는 쉬지 않았습니다.

나라는 매우 어수선해졌습니다. 유신체제에 들어서면서 국민들은 박정희 대통령에게 등을 돌리기 시작했습니다. 참으로 안타까웠습니다. 나라가 사는 길은 오직 박정희 대통령이 하나님의 말씀으로 거듭나는 것밖에 없다고 저는 생각했습니다. 박정희 대통령 개인의 영혼구원도 중요했지만 그가 미치는 영향력이 너무 커서 하나님의 도우심이 절실했습니다.

우리가 나라의 대통령을 위해서 기도해야 하는 이유는 분명합니다. 육체의 상전은 하나님이 세우신 사람이며, 마땅히 그에게 순종하기를 그리스도께 하듯 하라고 말씀하고 있습니다.

> "종들아 두려워하고 떨며 성실한 마음으로 육체의 상전에게 순종하기를 그리스도께 하듯 하라"(엡 6:5).

이 땅에 많은 대통령이 있었는데, 그중에는 하나님을 믿는 대통령도 있었고, 그렇지 않은 대통령도 있었습니다. 그러나 그 어떤 대통령도 하나님이 허락하지 않으시면 대통령이 될 수 없습니다. 마땅히 상전 된 대통령을 위해 기도해야 합니다. 그만큼 중요한 사람이기 때문입니다. 어느 특정 대통령을 위해 기도하는 것이 아닙니다. 그가 대통령이기 때문에 기도하는 것입니다. 그리고 가능하면 그가 하나님을 두려워할 줄 알고 하나님 앞에 무릎을 꿇는 대통령이 된다면 더할 나위 없이 좋겠지요. 그래서 우리는 대통령을 위한 기도를 해야 합니다.

그리고 하나님이 보살피는 나라가 되어야 합니다. 고대 바벨론이나 앗수르나 애굽 같은 강대국은 지금은 모두 사라졌습니다. 왜냐하면 하나님을 믿지 않았기 때문입니다. 아무리 강대국일지라도 긴 역사에서 보면 어느 순간입니다. 반면에 가장 약하게 보였던 이스라엘은 지금도 존립하고 있습니다. 하나님이 함께하시기 때문입니다. 그래서 우리는 나라를 위해 기도해야 하고, 대통령을 위해 마땅히 기도해야 하는 것입니다.

저는 박정희 대통령을 위해 날마다 기도했습니다.

"하나님, 박정희 대통령에게 복음이 전해지게 하옵소서. 그가 하나님을 제대로 알고 하나님의 말씀대로 나라를 다스리게 하옵소서."

저는 당시에 육사를 졸업했기 때문에 더 이상 박지만 생도와도 관련이 없었고, 더구나 청와대하고는 전혀 상관이 없었습니다. 그러나 끝까지 포기하지 않고 박정희 대통령을 위한 기도를 계속했습니다.

그러던 어느 날, 청와대에서 연락이 왔습니다. 박정희 대통령이 불렀던 것입니다. 할렐루야!

저는 작정기도에 들어갔습니다.

"하나님, 저를 도와주십시오. 이제 때가 온 것 같습니다. 저를 도와주셔서 담대하게 박 대통령에게 복음을 전할 수 있게 하옵소서."

이때 저는 에스더처럼 "죽으면 죽으리이다"(에 4:16)의 마음이 있었습니다. 저절로 그러한 마음이 안에서부터 생겨났습니다. 하나님이 주신 마음이라 생각합니다.

> "당신은 가서 수산에 있는 유다인을 다 모으고 나를 위하여 금식하되 밤낮 삼 일을 먹지도 말고 마시지도 마소서 나도 나의 시녀와 더불어 이렇게 금식한 후에 규례를 어기고 왕에게 나아가리니 죽으면 죽으리이다 하니라"(에 4:16).

이제 시간이 되었습니다. 모든 것이 준비되었습니다. 저는 오랜만에 서울 나들이를 했습니다. 공기 좋고 물 맑은 강진에서 지내다 보니 서울에 들어서자마자 숨이 막혔습니다.

기본적인 절차를 밟고 청와대로 들어갔습니다. 생도 생활을 할 때는 가끔씩 들렀지만 임관 후에는 처음이어서 약간은 서먹했습니다.

박정희 대통령이 문 앞까지 나와서 반갑게 맞아 주셨습니다. 그리고 그 옆에는 언제나 그랬듯이 차지철 경호실장이 있었습니다. 여러 가지 안부를 묻는 가운데 점심 시간이 되었습니다. 식탁에는 대통령과 저 그리고 차지철 경호실장만 자리를 했습니다.

청와대로 들어갈 당시 필자의 모습

그날 점심 차림은 국수였습니다.

언제나 소탈한 박 대통령의 면모를 볼 수 있었지요. 맛있게 국수를 먹었습니다. 그런데 후식 대신에 맥주가 나왔습니다.

박 대통령은 직접 제게 맥주를 따랐습니다. 특이하게도 맥주병 두 개를 양손에 들고 하나의 커다란 맥주잔에 양쪽에서 따랐습니다. 거품이 넘쳐흘렀습니다.

"임관했으니 이제 한잔 해도 되지?"

사관학교에 다닐 때는 세 가지 금하는 것이 있습니다. 그것을 삼금(三禁)이라고 하는데, 생도 생활 중에 결혼을 할 수 없고, 담배를

부록 195

피울 수 없고, 그리고 술을 마시면 안 되는 것입니다. 가끔 이 규율을 어긴 생도들이 퇴교를 당하기도 합니다.

박지만 생도 때문에 그것을 잘 아는 박 대통령이 이제 제가 임관을 했으니 술을 마셔도 되는 것으로 생각한 것입니다. 저는 이런 곤란한 상황을 당해 아주 짧은 시간 동안 마음속으로 기도를 했습니다.

"하나님, 이 순간을 지혜롭게 잘 처신하게 도와주십시오. 잔을 건네는 사람이나 잔을 거부해야 하는 저에게나 피차 마음 상하지 않게 좋은 결과로 끝나게 해주옵소서."

평소 어떤 곤란한 상황에 부딪쳤을 때 선택의 기준을 잡아 주는 나의 좌우명이 된 성경 말씀을 새겼습니다.

"이제 내가 사람들에게 좋게 하랴 하나님께 좋게 하랴 사람들에게 기쁨을 구하랴 내가 지금까지 사람들의 기쁨을 구하였다면 그리스도의 종이 아니니라"(갈 1:10).

제일 바람직한 것은 사람도 기쁘게 하고 하나님도 기쁘게 하는 것입니다(롬 14:18). 그러나 둘 중에 하나를 택해야 하는 상황이라면 사람이 아니라 하나님을 기쁘게 하는 선택을 해야 한다고 믿습니다.

이제 분명히 저의 결심이 섰습니다.

"대통령 각하, 대단히 죄송하지만 마시지 않으면 안 되겠습니까?"

어쩔 수 없이 폭탄 발언을 하게 되었습니다. 깜짝 놀란 차지철 실장이 의자 밑으로 급히 손을 밀어 제 허벅지를 슬쩍 꼬집었습니다. 그리고 나무라듯 작은 소리로 속삭였습니다.

"임금님 어주(御酒)야. 감히 거부하다니······."

참으로 죄송했지만 어쩔 수 없었습니다. 잠시 어색한 침묵이 흘렀습니다. 가만히 있으면 그 자리가 더욱 이상해질 것 같아서 다시 정중하게 말씀을 드렸습니다.

"각하께서 직접 따라 주시는 술인데, 마땅히 제가 받아야 하겠지만 너그러이 용서해 주실 것으로 믿고 술을 받지 않겠습니다. 저는 아시다시피 하나님을 믿고 있습니다."

박 대통령은 저를 한번 보더니 씨익 웃었습니다. 그리고 자신이 직접 따랐던 큰 술잔을 들었습니다. 그리고 말했습니다.

"그래! 내가 마시마!"

거의 숨도 쉬지 않고 그 큰 잔의 맥주를 다 마셔 버렸습니다. 그리고 허허 하고 웃었습니다. 순식간에 일어난 일이었습니다. 그리고 박 대통령은 차지철 실장에게 말했습니다.

"임자는 그만 나가봐."

박 대통령의 말에 차 실장은 황급하게 밖으로 나갔습니다.

이제 저와 박 대통령 둘만 남았습니다. 그런데 뜬금없이 박 대통령이 카터 전 미국 대통령의 이야기를 꺼냈습니다.

"뭐 그런 말이 다 있어?"

혼자 역정을 내듯 했습니다. 저는 그 영문을 몰라서 약간 당황했습니다. 알고 보니 내용은 이랬습니다.

1979년 6월 30일부터 7월 1일까지 카터 대통령이 한국에 와서 박 대통령과 처음으로 정상회담을 했던 것입니다. 날짜로 보면 저와 함께한 날이 7월 8일이니까 불과 7일 전에 있었던 회담이었습니다. 그런데 회담의 성격이 박 대통령에게 몹시 불쾌했던 것입니다.

카터가 대통령 선거 당시에 주한미군 철수를 대선 공약으로 걸었다고 합니다. 그래서 정상회담에서 이 이야기가 오갔고, 결국 팽팽한 심리전 뒤에 주한미군 철수방침을 철회하는 대신 방위비 증액과 인권 개선을 요구했던 것입니다. 무엇보다도 인권개선 문제 때문에 박 대통령은 심기가 불편했습니다. 그래서 갑자기 그 생각이 났던지 혼자 짜증나는 투로 카터에 대해 투덜거렸던 것입니다.

"뭘 안다고 그래……."

저는 그 말을 듣자 갑자기 속에서 뭔가가 꿈틀거리는 느낌이 들면서 그대로 말이 쏟아져 나왔습니다.

"대통령 각하, 국민의 소리에도 귀를 기울이셔야 합니다."

"뭐라고?"

"지금 각하께서는 국민의 소리를 듣지 못하고 계십니다."

"그게 무슨 소리고?"

"각하의 주변에는 인의 장막이 많습니다. 제대로 국민의 소리를 들을 수 없습니다."

"그래?"

"주변의 사람들이 각하를 가리고 있습니다. 주변을 잘 살피시고 국민이 무엇을 원하는지 들으십시오."

지금도 분명한 기억이 있습니다. 확실하게 저는 이런 말을 박 대통령에게 했습니다. 제가 영적으로 미리 10·26사태를 예견이라고 한 듯했습니다.

박 대통령은 제 말에 조금 당황한 듯 보였습니다. 아무리 그래도 육군 소위가 할 말은 아니라 생각했을 것입니다. 그래서인지 조금은 얼굴이 굳어 보였고 분위기가 좋지 않았습니다.

어쨌든 저는 제가 해야 할 말을 했다고 생각했습니다. 어차피 에스더의 기도를 하고 들어왔으니까요.

역사에 만약이라는 것은 의미가 없지만 만약 그때 박정희 대통령이 제가 드린 당돌한 말씀을 좀 더 심각하게 받아들였더라면 우리나라의 역사가 또 어떻게 바뀌었을지 모를 일입니다.

나중에 카터의 회고록을 보니까 회담 마지막 날에 박 대통령에게 교회에 나갈 것을 권유했다고 합니다. 물론 박 대통령이 들을 리가 없었지요.

심지어 이때 카터가 박 대통령에게 교회 나갈 것을 권유하자

부록 199

박 대통령이 마주 보고 앉아 있던 의자를 뒤로 휙하고 돌렸다는 것입니다. 국제적인 결례를 한 것이지요. 그만큼 그는 교회 나가라는 말을 싫어했던 것입니다. 그 일이 있은 지 불과 7일 후에 제가 박 대통령을 만나고 있는 것이었습니다. 저는 이러한 사실을 전혀 몰랐지요.

시간이 흘러 헤어질 시간이 되었습니다. 박 대통령은 얼굴에 미소를 띠며 제게 말했습니다.

"뭐가 필요하지? 한 가지 소원을 말해 봐."

마치 동화에 나오는 '한 가지 소원'과 같았습니다.

마치 일천번제를 끝낸 솔로몬 앞에 하나님께서 "내가 네게 무엇을 줄꼬 너는 구하라"(왕상 3:5)고 하신 것과 같았습니다.

"……."

제가 아무 말을 하지 않고 있자 박 대통령은 가까이 와서 제 손을 꼭 잡았습니다.

제가 입을 열었습니다. 제 마음속에는 단 하나의 소원이 있었습니다. 박지만의 근황을 편지로 적어 보낼 때 항상 맨 마지막 줄에 넣었던 바로 그 말입니다.

"대통령 각하, 예수님을 믿으십시오!"

손을 꼭 잡은 대통령은 말이 없었습니다. 다시 말했습니다.

"대통령 각하, 꼭 예수님을 믿으셔야 합니다!"

그저 빙그레 웃으며 제 눈만 쳐다볼 뿐 말이 없었습니다. 꼼짝도 하지 않았습니다.

바로 이때 저는 성령님이 저와 함께하심을 강하게 느끼면서 주님의 도구가 되었습니다. 저는 없어지고 성령님이 제 입술을 열어 주셨습니다.

"대통령 각하, 18년 동안 수고 많이 하셨습니다!"

엄청난 말이 쏟아져 나온 것입니다. 육군 소위가 당시 박정희 대통령에게 할 수 있는 말이 아닙니다.

"……."

"언제까지나 이렇게 대통령을 하실 수는 없습니다. 세상 명예와 권력은 바람에 나는 겨와 같습니다. 세상에 영원한 것은 없습니다. 예수님 믿고 구원받아야 합니다. 대통령보다도 더 중요한 것이 생명입니다. 영원한 생명입니다."

"……."

박 대통령은 꼼짝도 하지 않고 저를 쳐다보고 있었습니다.

"대통령 각하, 오늘 밤에 하나님이 각하의 영혼을 데려가시면 어떡하시겠습니까?"

정말 엄청난 말이 제 입술을 통해서 나오고 있었습니다.

"……."

그런데도 아무 말도 없었고 꼼짝도 하지 않고 있었습니다.

부록 201

또 성령님께서 강하게 역사하시어 제 입술을 움직이셨습니다. 그리고 또 무시무시한 말이 저도 모르게 입 밖으로 나왔습니다.

"대통령 각하! 이대로 지옥 가시겠습니까?"

"……"

이런 말까지 했는데도 박 대통령은 꼼짝하지 않았습니다. 제 키는 172센티미터인데 저와 아주 가까이 마주 선 박 대통령은 제 눈 아래로 머리가 들어올 정도로 작았습니다(164cm).

1917년에 태어났으니 이제 환갑을 넘겨 만으로 62세. 얼굴에는 자글자글한 잔주름이 잔뜩 있었습니다. 늙은이였습니다. 작은 늙은이였습니다.

그 순간 갑자기 마음이 짠해졌습니다. 그분의 영혼이 불쌍하다는 생각이 들었습니다. 눈시울이 붉어졌습니다. 콧등이 찡해지면서 저도 모르게 눈물이 맺혔습니다. 제게는 대통령이 아니라 한 불쌍한 영혼이었습니다.

"주님, 이 불쌍한 영혼을 구원하여 주옵소서. 나의 하나님, 도와 주옵소서. 성령님이여, 강퍅한 심령을 움직여 주옵소서. 오, 하나님!"

저도 모르는 사이에 눈물이 줄줄 흘러내렸습니다.

그런데 박 대통령의 눈을 보니 보일 듯 말 듯 눈시울이 뜨거워진 것이 보였습니다. 그리고 눈물이 조금 흐르다가 중간에 멈췄습니다. 신기하게 보였습니다.

훗날 박지만 회장이 저를 만나 아버지의 이야기를 듣다가 바로 이 대목에서 확신을 하고 제가 한 말을 믿게 되었습니다. 아버지가 흘리는 독특한 눈물의 특징을 아들인 그가 잘 알았기 때문입니다.

놀라운 일이 벌어졌습니다. 박정희 대통령이 입을 연 것입니다.

"그래! 교회 나가마!"

"예?"

저는 정말 깜짝 놀랐습니다. 저도 어리둥절한 상태였습니다. 정신을 차리고 다시 확인했습니다.

"정말이십니까? 교회 나가시겠습니까?"

"그래, 나가마. 그런데 지금은 조금 곤란하고 내가 대통령을 마치면 꼭 교회에 나가마!"

"약속하실 수 있습니까?"

"그래. 약속한다."

할렐루야!

대통령 마치면 나간다고 하는 말에 대해서는 충분히 이해가 되었습니다. 수십 년 동안 고집스럽게 자신을 붙들고 있던 마지막 자존심이 아닐까 생각됩니다. 그것은 중요하지 않습니다. 중요한 것은 그가 교회에 나가겠다고 약속을 하고 고백을 했다는 데 있습니다. 어쩌면 이 말은 그가 운명하기 전에 신앙에 관해 언급한 마지막 말이었는지도 모르겠습니다.

교회를 나가는 것과 예수님을 믿는 것하고는 약간의 차이가 있을 수 있습니다. 그렇지만 그의 심령은 이미 뜨거워져 있었고, 강하게 성령님께서 터치하고 계셨으리라 믿습니다.

이것을 확인할 수 있는 놀라운 증언이 나왔습니다. 역사학자 이현희 박사가 쓴 《박정희 평전》(2007년) 496쪽에 있는 내용입니다. 박정희 대통령이 그의 술 친구였던 김용태와 함께 영일만의 포철로 가는 길에 이런 말을 했다고 합니다.

"내년(1980년)에는 나도 대구로 내려가 훈장 노릇이나 하고 살아야겠어."

그러니까 저에게 마지막으로 신앙고백을 했던 그 당시(1979년)부터 이미 대통령직을 내려놓을 마음을 먹고 있었다는 얘기입니다. 그리고 저와의 약속대로 교회에 가기로 작정했을 것으로 생각이 듭니다.

그리고 더 놀라운 사실은 고 김준곤 목사님에게 그가 10·26을 맞아 서거하기 일주일 전에 "다음 주에는 교회에 가겠다"는 약속을 했다는 것입니다.

사실 그가 구원을 받았는지 받지 못했는지는 천국에 가봐야 알겠지만 그 당시 그의 마음속에는 이미 예수님을 다시 받아들인 것으로 믿고 싶습니다.

나중에 안 사실이지만 박정희 대통령은 어린 시절 6년간 구미상모교회에서 신앙생활을 했다는 것입니다. 그때 '다윗과 골리앗'의 이야기로 동화구연대회에서 1등도 차지했다는 것입니다.

그런데 주일학교 선생님에게 어떤 질문을 하다가 그만 뺨을 맞는 사건이 있었고, 그때부터 교회를 버렸다는 것입니다. 참으로 가슴 아픈 일이 아닐 수 없습니다.

물론 그는 대통령을 하면서 전군의 부대에게 신앙전력화의 휘호를 하사한 것이나, 구미상모교회에 300만 원의 건축헌금을 지원하는 등 여러모로 교회활동을 지원했습니다. 그렇다고 해서 그가 기독교인이라는 것은 아닙니다. 대통령으로서 마땅히 해야 하는 종교정책이었습니다. 돈으로 보자면 오히려 불교에 더 많은 것을 지원했습니다.

이것을 잘 모르고 모두들 자기 종파 입장에서 박정희 대통령을 내세우고 있는 현실을 보면 답답합니다.

교회에 나가겠다고 약속을 한 박 대통령은 품속에서 미리 준비한 한 통의 편지를 꺼내 제게 건넸습니다.

"수고했네. 잘 가게."

그 편지 안에는 비록 약간은 늦었지만 임관을 축하한다는 격려의 글이 담겨 있었습니다.

이날은 정확히 1979년 7월 8일이었습니다. 역사적인 날입니다.

교회에 나가겠다고 약속했던 그날 내 손에 쥐어
준 편지의 겉봉

이 편지를 제게 준 박 대통령은 약 3개월 후에
운명을 달리했다.

고 박정희 전 대통령을 전도한 육군소위라는 제목으로
CBS "새롭게 하소서"에 출연하여 이 내용을 간증했다.

박정희 대통령과 헤어진 뒤에 저는 청와대의 일을 잊고 있었습니다. 아니, 잊고 있었다기보다는 하루하루 바쁜 일정에 겨를이 없었습니다.

어쩌다가 생각이 나면 박정희 대통령을 위한 기도를 했습니다. 그가 진정으로 하나님을 영접할 수 있도록, 그리하여 인생의 말년에 하나님과 함께 보다 의미 있는 삶을 살 수 있도록 기도했습니다.

야간 훈련을 마치고 늦은 시간, 촌가에 얻은 숙소로 돌아와서 마루에 잠시 앉아 있었습니다.

바로 그때!

밤하늘에 커다란 별똥이 오른쪽에서 왼쪽으로 커다란 현을 그리며 떨어졌습니다.

"쒸이이이이익!"

꼭 그런 소리가 들리는 듯했고, 갑자기 마음이 섬뜩했습니다.

'무슨 일이 생긴 것일까?'

이순신 장군의 행록에 보면 이순신 장군이 마지막 해전이 된 노량해전을 앞둔 1598년 11월 18일 밤 12시경에 갑판에 올라 기도하고 있는 장면이 나오는데, 이때 밤하늘에 커다란 별똥이 떨어진 기록이 있습니다.

예로부터 나라에 큰 인물이 스러질 때면 하늘의 큰 별똥이 떨어지는 일이 종종 있었다고 합니다.

별은 큰 인물의 상징이라고 생각됩니다. 예수님이 탄생하실 때도 큰 별의 인도로 동방 박사들이 베들레헴으로 갈 수 있었습니다.

'아, 나라에 큰 일이 생겼는가?'

내심 불안한 마음을 가눌 수 없었습니다. 분명히 무슨 큰일이 생겼을 것 같았습니다.

결국, 일이 터졌습니다.

10 · 26 사태.

10 · 26에 대해서는 여기서 더 이상 언급하지 않겠습니다. 단지, 그 일이 터지고 신문에 '박정희 대통령 서거'라는 대문짝만한 글씨

와 그의 사진을 봤을 때 정말 숨이 멈추는 것 같았습니다.

불과 세 달 전, 그의 잔주름 진 얼굴이 자꾸 떠올랐습니다. 그의 눈가에 맺혔던 작은 눈물도 떠올랐습니다. 꼭 잡았던 따스한 손길도 깊게 느껴졌습니다.

"하나님, 저 불쌍한 영혼을 거두어 주십시오. 천국에서 안식을 누리게 하여 주옵소서."

무려 18년 동안이나 권력의 최정상에 섰던 박정희 대통령. 언제까지나 그 자리를 지킬 듯이 보였던 그가 졸지에 운명을 달리한 것입니다. 무너지는 것은 한순간입니다.

박정희 대통령의 생전 마지막 공식 행사는 1979년 10월 26일 오전 11시에 있었던 삽교천 방조제 준공식 행사였습니다.

이때 탤런트 정영숙 권사가 연예인 대표로 초청을 받아서 그 자리에 참석했다고 합니다. 그녀가 박정희 대통령을 봤을 때 그는 무척 피곤해 보였고, 마치 죽음의 그림자가 드리운 듯 음산한 느낌이 그의 몸을 감싸고 있었다고 합니다. 특히 얼굴은 거의 검은 빛이었고 사색이 완연한 모습이었다고 합니다.

이 내용은 2007년 7월 4일 당시 제가 시무하는 자운교회에 간증을 오신 정영숙 권사님이 그날 밤 저와 전화 통화를 하다가 나누었던 내용입니다.

사람이 죽을 때가 되면 뭔가 평소와는 다른 어떤 모습이 있는가 봅니다. 더구나 영적으로 볼 때는 이런 것이 분명하게 나타난다고 하지요. 죽음이 임박한 징후가 보이면 그것을 빨리 깨닫고 적절한 대처를 할 수 있다면 좋으련만 사람이기 때문에 결코 쉽지는 않겠지요.

사색이 완연했던 박정희 대통령은 그날 밤 궁정동에서 결국 운명을 달리하게 되었던 것입니다.

박정희 대통령이 총탄에 맞아 급히 서울지구병원에 실려 갔을 때 그를 담당했던 정규형 군의관은 처음에는 그가 박 대통령인지 몰랐다고 합니다.

왜냐하면 그가 차고 있던 시계는 평범한 세이코 시계였고, 넥타이에 꽂혀 있던 핀은 도금이 벗겨진 것이었으며, 혁대는 다 해어져 있었고, 흰 머리카락이 약간 있는 50대 정도의 인물로 봤기 때문에 그가 박정희 대통령인 줄은 상상도 할 수 없었다고 합니다.

그의 집무실은 서재와 마찬가지였는데, 600여 권의 책이 있었습니다. 그런데 그중에 《난중일기》가 있었고, 성경, 성경사전이 포함되어 있었습니다. 어떤 의도에서 성경과 성경사전을 집무실에 비치했는지는 정확히 모르지만, 그 마음속에 성경에 대한 관심이 있었던 것만은 틀림이 없는 것 같습니다.

그가 죽기 5년 전인 1974년에 작성된 그의 공무원 인사기록에는 종교란에 '무'라고 적혀 있었습니다.

등에 흐르는 피를 손바닥으로 막고 있었던 신재순 씨(미국 거주)의 증언에 따르면, 박정희 대통령이 서거하는 순간, 그가 남긴 마지막 육성은 "응, 나는 괜찮아……"였다고 합니다. 하나님도, 예수님도 없었습니다.

그 마음속에 "하나님, 제 영혼을 받아주옵소서……"라고 했기를 바라는 마음입니다.

30년이 지난 지금도 저와 나눈 박정희 대통령의 마지막 말이 귀에 맴돌고 있습니다.

"그래, 나가마. 그런데 지금은 조금 곤란하고 내가 대통령을 마치면 꼭 교회에 나가마!"

사탄이 우리를 시험하는 가장 무서운 매력적인 말은 "내일 하자"입니다.

이 책을 읽고 계시는 여러분 앞에 전도의 대상이 있습니까? 내일로 미루지 마십시오. 내일은 없습니다. 바로 지금 하십시오. 오늘 밤이라도 무슨 일을 당할지 어떻게 알 수 있겠습니까? 때를 놓치고 나서 나중에 후회하지 마십시오.

지금 당신과 만나는 바로 그 사람이 하나님께서 당신에게 맡겨주신 전도의 대상입니다.

지위가 높아서 망설여지십니까? 돈이 많아서 조심스럽습니까? 하나님 앞에서는 아무것도 아닙니다. 하나님이 한번 훅하고 부시면 다 날아가 버립니다. 세상에서 제아무리 그럴듯한 지위도, 돈도, 건강도 메뚜기의 한 철과 같습니다. 한순간에 사라져 버립니다. 눈 깜짝할 사이입니다.

우리는 하나님의 자녀요(요 1:12) 왕 같은 제사장(벧전 2:9)입니다. 그리고 무엇보다도 이미 구원받은 천국 백성입니다. 세상에서 우리보다 더 확실하고 대단한 사람이 어디에 있겠습니까? 그러니 당당하고 담대하게 복음을 전하십시오.

그리고 항상 기억하십시오.

때를 얻든지 못 얻든지 열심히 전도하되 무엇을 하든지 그것을 통해서 자신의 영광이 아니라 '하나님의 영광'이 드러날 수 있도록 해야 한다는 사실을.

하나님은 계십니다. "나는 나다!"

박정희 전 대통령의 묘소에서
이 땅에서 잠시 누릴 대통령보다도 더 중요한 것은
천국에서의 영원한 생명이다.

| 판 권 |
| 소 유 |

하나님의 사람

2014년 1월 20일 인쇄
2014년 1월 25일 발행

지은이 | 노병천
발행인 | 이형규
발행처 | 쿰란출판사

주소 | 서울특별시 종로구 이화동 184-3
TEL | 02-745-1007, 745-1301, 747-1212, 743-1300
영업부 | 02-747-1004, FAX / 02-745-8490
본사평생전화번호 | 0502-756-1004
홈페이지 | http://www.qumran.co.kr
E-mail | qrbooks@daum.net
          qrbooks@gmail.com
한글인터넷주소 | 쿰란, 쿰란출판사

등록 | 제1-670호(1988.2.27)

책임교열 | 오완 · 박은아

값 10,000원

ISBN 978-89-6562-554-4 03230

* 이 출판물은 저작권법에 의해 보호를 받는 저작물이므로 무단 복제할 수 없습니다. 잘못된 책은 교환해 드립니다.